Frank Zöllner

Michelangelos Fresken in der Sixtinischen Kapelle

ROMBACH WISSENSCHAFTEN • REIHE QUELLEN ZUR KUNST

herausgegeben von Norberto Gramaccini

Band 17

Frank Zöllner

Michelangelos Fresken in der Sixtinischen Kapelle

Gesehen von
Giorgio Vasari und Ascanio Condivi

ROMBACH VERLAG

Umschlagbild: Eckzwickel mit dem Sieg Judiths über Holofernes, Ausschnitt.

Die Deutsche Bibliothek – CIP-Einheitsaufnahme

Zöllner, Frank:
Michelangelos Fresken in der Sixtinischen Kapelle : gesehen von Giorgio Vasari und Ascanio Condivi / Frank Zöllner. – 1. Aufl. – Freiburg im Breisgau : Rombach, 2002
(Rombach Wissenschaften : Reihe Quellen zur Kunst ; Bd. 17)
ISBN 3-7930-9281-X

Lektorin: Dr. Edelgard Spaude
Umschlaggestaltung: Barbara Müller-Wiesinger
Satz und Repro: post scriptum, Emmendingen / Hinterzarten
Herstellung: Stiehler Druck & media GmbH, Denzlingen
Printed in Germany
ISBN 3-7930-9281-X

Inhalt

Holzschnitt mit Michelangeloporträt aus Vasari, 1568

Bildteil

Abb. 1: Die erste »Trilogie« der Sixtinischen Decke
Abb. 2: Die zweite »Trilogie« der Sixtinischen Decke
Abb. 3: Die dritte »Trilogie« der Sixtinischen Decke

Abb. 4: Das Opfer Noahs
Abb. 5: Die Sintflut
Abb. 6: Die Trunkenheit Noahs

Abb. 7: Schema der Sixtinischen Decke (Nomenklatur nach Steinmann, 1905)

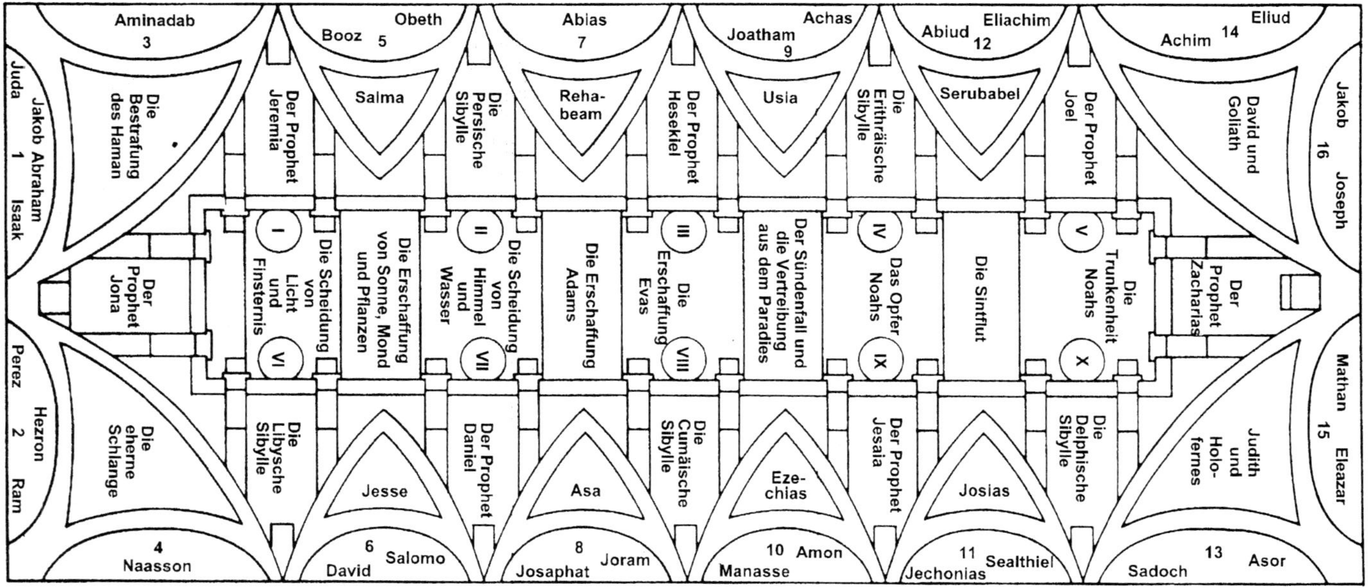

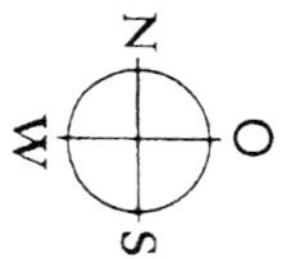

Legende zu den Medaillons in Abbildung 7
(nach Hope, 1987)

I. Das Opfer Isaaks (Gn 22)
II. Der Tod des Absalom (2 Sam 18)
III. Alexander d. Gr. vor dem Hohen Priester
IV. Die Bestrafung Heliodors (2 Makk 3)
V. Der Tod des Abner (2 Sam 3)
VI. Elias auf dem Himmelswagen (2 Kg 2)
VII. Zerstört [Heilung Naamans (2 Kg 5)]
VIII. Tod des Nikanor (2 Makk 15)
IX. Matthatias zerstört den Altar in Modin (1 Makk 2)
X. Sturz des Antiochus (2 Makk 9)

Abb. 8: Graphische Umzeichnung der Sixtinischen Decke (nach Steinmann, 1905)

Abb. 9: Die Persische Sibylle

Abb. 10: Die Libysche Sibylle

Abb. 11: Der Prophet Joel

Abb. 12: Der Prophet Jesaia

Abb. 13: Eckzwickel mit dem Sieg Davids über Goliath

Abb. 14: Eckzwickel mit dem Sieg Judiths über Holofernes

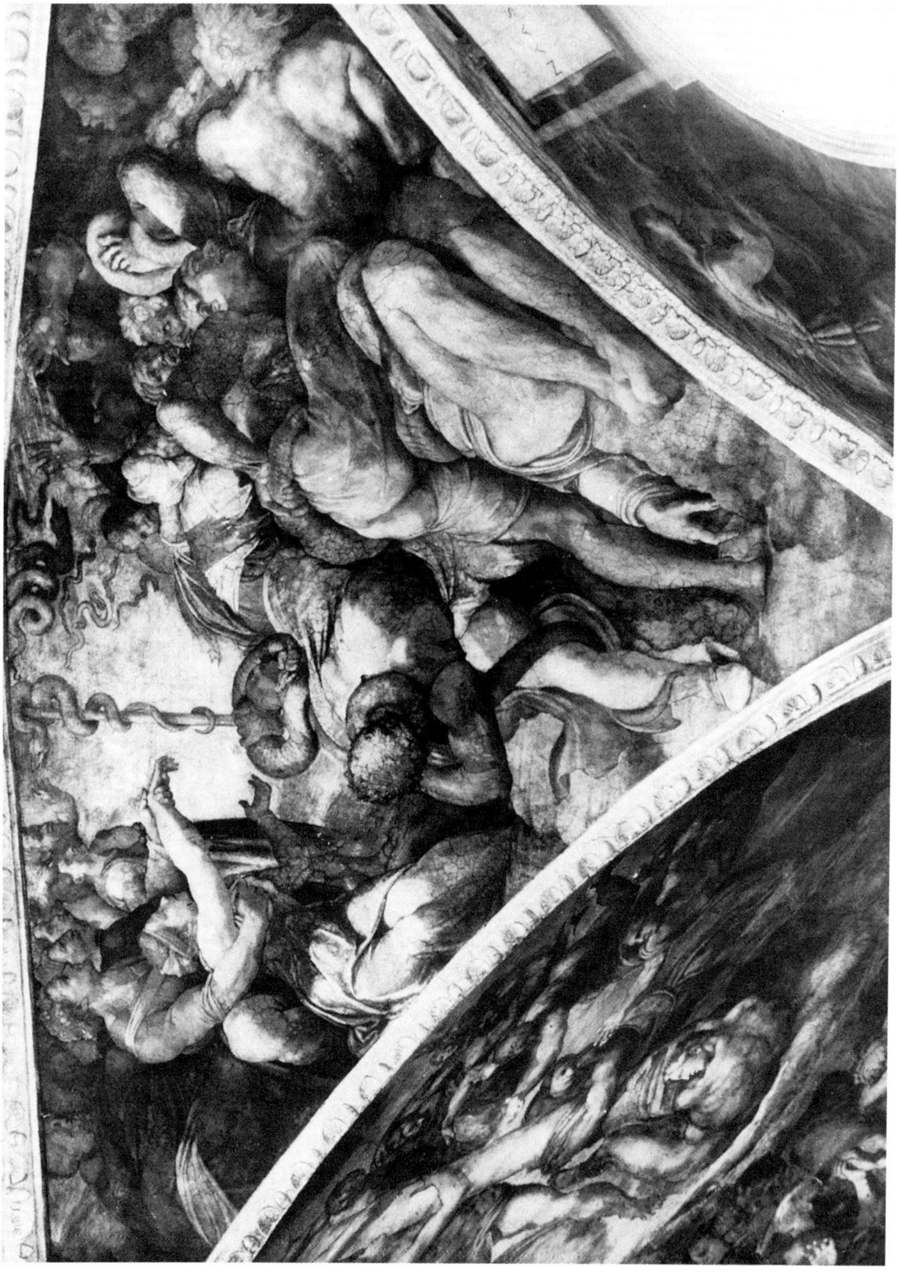

Abb. 16: Eckzwickel mit der Hinrichtung Hamans

Abb. 17: Der Prophet Jonas

Textteil

I. Ascanio Condivi, Vita di Michelangelo Buonarroti

1. Poi ch' ebbe finita quest'opera, se ne venne a Roma, dove volendo papa Giulio servirsi di lui, e stando pur in proposito di non far la sepoltura, gli fu messo in capo da Bramante e da altri emuli di Michelangelo, che lo facesse dipingere la volta della cappella di papa Sisto Quarto, ch'è in palazzo, dando speranza che in ciò farebbe miracoli. E tale ufficio facevano con malizia, per ritrarre il papa da cose di scultura, e percioché tenevano per cosa certa che o, non accettand'egli tale impresa, commoverebbe contra di sé il papa, o, accettandola, riuscirebbe assai minore di Raffaello da Urbino, al qual per odio di Michelangelo, prestavano ogni favore, stimando che la principale arte di lui fosse, come veramente era, la statuaria. Michelangelo, che per ancora colorito non aveva e conosceva il dipinger una volta esser cosa difficile, tentò con ogni sforzo di scaricarsi, proponendo Raffaello, e scusandosi che non era sua arte, e che non riuscirebbe, e tanto procedette ricusando, che quasi il papa si corrucciò. Ma vedendo pur l'ostinazione di lui, si mise a fare quell'opera, che oggi in palazzo del papa si vede con ammirazione e stupore del mondo; la quale tanta riputazione gli arrecò, che lo pose sopra ogni invidia. Della quale darò breve informazione.

2. È la forma della volta, secondoché comunemente si chiama, a botte, e ne' posamenti suoi a lunette, che sono per la lunghezza sei, per la larghezza due, si che tutta viene ad essere due quadri e mezzo. In questa Michelangelo ha dipinto principalmente la Creazione del mondo, ma v'ha dipoi abbracciato quasi tutto il Testamento Vecchio. E quest' opera ha partita in questo modo. Cominciando dai peducci, dove le corna delle lunette si posano, fin quasi a un terzo dell'arco della volta finge come un parete piano, tirando su a quel termine alcuni pilastri e zoccoli finti di marmo, che sporgono in fuori sopra un piano a guisa di poggiuolo, con le sue mensole sotto e con altri pilastrelli sopra il

medesimo piano, dove stanno a sedere Profeti e Sibille. I quali primi pilastri, movendosi dagli archi delle lunette, mettono in mezzo i peducci, lasciando però dell'arco delle lunette maggior parte, che non è quello spazio che dentro a loro si contiene. Sopra detti zoccoli son finti alcuni fanciulletti ignudi, in vari gesti, i quali a guisa de' termini reggono una cornice, che intorno cinge tutta l'opera, lasciando nel mezzo della volta da capo a piè come uno aperto cielo. Questa apertura è distinta in nove liste, percioché dalla cornice sopra i pilastri si muovono alcuni archi corniciati, i quali passano per l'ultima altezza della volta e vanno a trovare la cornice dell'opposita parte, lasciando tra arco ed arco nove vani, un grande e un piccolo. Nel piccolo son due listerelle finte di marmo, che traversano il vano, fatte talmente, che nel mezzo restan le due parti e una delle bande dove sono collocati i medaglioni, come si dirà al suo luogo. E questo ha fatto per fuggir la sazietà, che nasce dalla similitudine.

3. Adunque nel vano primo nella testata di sopra, il quale è dei minori, si vede in aria l'onipotente Iddio, che col moto delle braccia divide la luce dalle tenebre (fig. 1). Nel secondo vano è quando creò i due luminari maggiori, il qual si vede stare a braccia tutte distese, colla destra accennando al sole e colla sinistra alla luna. Sonvi alcuni agnoletti in compagnia, un dei quali nella sinistra parte nasconde il volto, ristringendosi al creator suo, quasi per difendersi dal nocumento della luna. In questo medesimo vano, dalla parte sinistra, è il medesimo Iddio volto a creare nella terra l'erbe e le piante, fatto con tanto artificio che, dovunque tu ti volti, par ch'egli te seguiti, mostrando tutta la schiena fin'alle piante de' piedi; cosa molto bella, e che ci dimostra quel che possa lo scorcio. Nel terzo vano apparisce in aria il magno Iddio, similmente con agnoli, e rimira all'acque, comandando loro che produchino tutte quelle specie d'animali che tale elemento nutrisce, non altrimenti che nel secondo comandò alla terra. Nel quarto è la creazione dell'uomo, dove si vede Iddio col braccio e colla mano distesa, dar quasi i precetti ad Adamo di quel che far debbe e non fare, e coll'al-

tro braccio raccoglie i suoi agnolini (fig. 2). Nel quinto è quando dalla costa d'Adamo ne trae la donna, la quale su venendo a mani giunte e sporte verso Dio, inchinatasi con dolce atto, par che lo ringrazi e che egli lei benedica. Nel sesto è quando il demonio, dal mezzo in su in forma umana e nel resto di serpente, colle gambe trasformate in code, s'avvolge intorno a un albero, e facendo sembiante che coll'uomo ragioni, lo induce a far contra il suo Creatore, e porge alla donna il vietato pomo. E nell'altra parte del vano si vedono ambidue, scacciati dall'agnolo, spaventati e dolenti, fuggirsi dalla faccia di Dio. Nel settimo è il sacrificio di Abel e di Cain, quello grato e accetto a Dio, questo odioso e reprobato (fig. 3 e 4).

4. Nell'ottavo è il Diluvio, dove si può vedere l'Arca di Noè da lunge, in mezzo dell'acque, ed alcuni che per suo scampo a lei s'attaccano (fig. 5). Più d'appresso, nel medesimo pelago, è una nave carica di varie genti, la quale sì pel soverchio peso che aveva, sì per le molte e violenti percosse dell'onde, persa la vela e privata d'ogni aiuto e argomento umano, si vede già dentro di sé pigliar acque e andarsene a fondo; dove è mirabil cosa veder la specie umana cosi meschinamente nell'onde perire. Similmente, più vicino all'occhio, appare ancor sopra l'acque la cima d'una montagna a guisa d'un'isola, dove, fuggendo l'acque ch'alzavano, s'è ridotta una moltitudine d'uomini e di donne, che mostran vari affetti, ma tutti miserabili e spaventosi, traendosi sotto una tenda, tirata sopra un albero, per difendersi di sopra dalla inusitata pioggia; e sopra questa con grande artificio si rappresenta l'ira di Dio, che con acque, con folgori e con saette si versa contro di loro. Èvvi un'altra sommità di monte nella destra parte, assai più vicina all'occhio, e una moltitudine travagliata dal medesimo accidente, della quale saria lungo scrivere ogni particolare; mi basta che sono tutti naturali e formidabili, secondo che in un tale accidente si possono immaginare. Nel nono, che è l'ultimo, è la storia di Noè, quando ebbro giacendo in terra e mostrando le parti vergognose dal figliuol Cam fu deriso e da Sem e Iaphet ricoperto.

5. Sotto la cornice già detta, che finisce il parete, e sopra i peducci dove le lunette si posano, tra pilastro e pilastro stanno a sedere dodici figure tra Profeti e Sibille, tutti veramente mirabili, si per l'attitudini, come per l'ornamento e varietà de' panni. Ma mirabilissimo sopra tutti è il profeta Jona, posto nella testa della volta, percioché contro alli siti d'essa volta e per forza di lumi e d'ombre, il torso che scorcia in dentro è nella parte che è più vicino all'occhio, e le gambe che sporgono in fuori son nella parte più lontana. Opera stupenda, e che dichiara quanta scienza sia in questo uomo nella facultà del girar le linee negli scorci e nella perspettiva.

6. Ma in quello spazio ch'è sotto le lunette, e cosi in quel di sopra, il quale ha figura di triangolo, v'è dipinta tutta la genealogia, o vogliam dire generazione del Salvatore, ecetto che ne' triangoli de' cantoni, i quali, uniti insieme, di due diventano uno e lasciano doppio spazio. In uno adunque di questi, vicino alla facciata del Giudicio, a man dritta, si vede Aman che per comandamento del re Assuero fu sospeso in croce, e questo, percioché volle per la superbia e alterezza sua far sospendere Mardocheo, zio della regina Ester, percioché nel passare suo non gli aveva fatto onore e riverenza (fig. 16). In un altro è la storia del serpente di bronzo, elevato da Moisè sopra d'un'asta, nel quale il popolo d'Israel, ferito e maltrattato da vivi serpentelli, riguardando, era sanato (fig. 15). Nel qual Michelangelo ha mostrato mirabili forze in quei che si vogliono staccar quelle bisce d'attorno. Nel terzo cantone da basso è la vendetta fatta da Iudit contro Oloferne (fig. 14); e nel quarto quella di David contro Golia (fig. 13). E questa è brevemente tutta la storia.

7. Ma non meno di questa è maravigliosa quella parte che alla storia non si appartiene. Questi son certi ignudi, che sopra la già detta cornice in alcuni zoccoli, sedendo, uno di qua e un di là sostengono i medaglioni, che si son detti, finti di metallo, nei quali a uso di rovesci son fatte varie storie, tutte a proposito però della principale. In queste cose

tutte, per la vaghezza de' compartimenti, per la diversità dell'attitudini e per la contrarietà de' siti, mostrò Michelangelo un'arte grandissima. Ma narrare i particolari di queste e dell'altre cose saria opera infinita, né basterebbe un volume. Però brevemente me ne son passato, volendo solamente dare un poco di luce piuttosto del tutto, che specificar le parti.

8. Né in questo mezzo gli mancarono travagli, percio che avendola cominciata e fatto il quadro del Diluvio, se gli cominciò l'opera a muffare, di maniera che appena si scorgevano le figure. Però, stimando Michelangelo che questa scusa gli dovesse bastare a fuggir un tal carico, se n'andò dal papa e gli disse: »Io ho pur detto a Vostra Santità che questa non è mia arte. Ciò ch'io ho fatto è guasto, e se nol credete, mandate a vedere.« Mandò il papa il San Gallo, il quale ciò vedendo, conobbe ch'egli aveva data la calcina troppo acquosa, e per questo, calando l'umore, faceva quell'effetto; e avvisatone Michelangelo, fece che seguitò, né gli valse scusa.

9. Mentre che dipingeva, più volte papa Giulio volle andare a veder l'opera, salendo su per una scala a piuoli, a cui Michelangelo porgeva la mano per farlo montare in sul ponte. E come quello ch'era di natura vemente e impaziente d'aspettare, poi che fu fatta la metà, cioè dalla porta fin a mezzo la volta, volse ch'egli la scoprisse, ancor che fosse imperfetta e non avesse avuto l'ultima mano. L'openione e l'aspettazione che s'aveva di Michelangelo, trasse tutta Roma a veder questa cosa, dove andò anco il papa, prima che la polvere, che pel disfarsi del palco era levata, si posasse.

10. Doppo quest'opera, Raffaello, avendo vista la nuova e maravigliosa maniera, come quello che in imitare era mirabile, cercò per via di Bramante di dipignere il resto. Del che Michelangelo molto si turbò, e venuto inanzi a papa Giulio, gravemente si lamentò dell'ingiuria che gli faceva Bramante; e in sua presenza se ne dolse col papa, sco-

prendoli tutte le persecuzioni ch'egli aveva ricevute dal medesimo; e appresso scoperse molti suoi mancamenti, e massimamente che disfacendo egli San Piero vecchio, gittava a terra quelle meravigliose colonne, che erano in esso tempio, non si curando, né facendo stima che andassero in pezzi, potendole pianamente calare e conservare intere; mostrando com'era facil cosa a mettere matton sopra mattone, ma che a fare una colonna tale era difficilissima, e molte altre cose che non occorre narrare; di maniera che il papa, udite queste tristizie, volle che Michelangelo seguitasse, facendogli più favori che mai facesse.

11. Finì tutta quest'opera in mesi venti, senza avere aiuto nessuno, né d'uno pure che gli macinasse i colori. È vero ch'io gli ho sentito dire ch'ella non è, come egli avrebbe voluto, finita, impedito dalla fretta del papa, il qual dimandandolo un giorno, quando finirebbe quella cappella, e rispondendo lui: »Quando potrò«, egli irato soggiunse: »Tu hai voglia ch'io ti faccia gittar giù di quel palco.« Il chc udendo Michelangelo, da sé disse: »Me non farai tu gittare«; e partitosi, fece disfare il ponte, e scoperse l'opera il giorno d'Ognissanti, la qual fu vista con gran sodisfazione del papa, che quel giorno andò in cappella, e concorso e ammirazione di tutta Roma. Mancava il ritoccarla coll'azzurro oltramarino a secco, e con oro in qualche luogo, perché paresse più ricca. Giulio, passato quel fervore, voleva pur che Michelangelo la fornisse, ma egli considerando l'impaccio che avrebbe avuto in rimettere in ordine il palco, rispose che quel che le mancava non era cosa che importasse. »Bisognerebbe pur ritoccarla d'oro«, rispose il papa; a cui Michelangelo familiarmente, come soleva con Sua Santità: »Io non veggio che gli uomini portino oro«. E'l papa: »La sarà povera«. – »Quei che sono quivi dipinti«, rispose egli, »furon poveri ancor essi«. Cosi si buttò in burla e è cosi rimasta. Ebbe Michelangelo di quest'opera ad ogni sua spesa ducati tremila, de' quali ne dovette spendere in colori, secondo che gli ho sentito dire, intorno a venti o venticinque.

12. Spedita quest'opera, Michelangelo, per avere nel dipignere così lungo tempo tenuti gli occhi alzati verso la volta, guardando poi in giù, poco vedeva, si che s'egli aveva a leggere una lettera o altre cose minute, gli era necessario colle braccia tenerle levate sopra il capo. Nondimeno dipoi a poco a poco s'ausò a leggere ancora guardando a basso. Per questo possiamo considerare con quanta attenzione e assiduità facesse quest'opera. Molte altre cose gli avvennero, vivente papa Giulio, il quale svisceratamente l'amò, avendo di lui più cura e gelosia che di qualunque altro ch'egli appresso di sé avesse; il che si può, per quel che già scritto n'abbiamo, assai chiaramente conoscere. Anzi un giorno, dubitando ch'egli non fosse sdegnato, di subito lo mandò a placare. La cosa fu in questo modo. Volendo Michelangelo per San Giovanni andare fino a Firenze, chiese denari al papa; e egli domandando quando finirebbe la cappella, Michelangelo all'usanza sua gli rispose: »Quando potrò«. Il papa, che era di natura subito, lo percosse con un bastone, che in mano teneva dicendo: »Quando potrò! Quando potrò!« Però, tornato a casa, Michelangelo si metteva in ordine per andare senz'altro a Firenze, quando sopravvenne Accursio, giovane molto favorito, mandato dal papa, e gli portò ducati cinquecento, placandolo il meglio che potette e scusando il papa. Michelangelo, accettata la scusa, se ne andò a Fiorenza. Sì che di nessuna cosa parve che Giulio maggior cura avesse, che di mantenersi quest'uomo; né volle solamente servirsene in vita, ma poi che fu morto ancora, percioché, venendo a morte, ordinò che gli fosse fatta finir quella sepoltura che già aveva principiata, dando cura al cardinal Santi Quattro vecchio e al cardinal Aginense suo nipote. I quali però gli fecer fare nuovo disegno, parendo loro il primo impresa troppo grande. Così entrò Michelangelo un'altra volta nella tragedia della sepoltura, la quale non più facilmente gli successe di quel di prima, anzi molto peggio, arrecandogli infiniti impacci, dispiaceri e travagli, e quel che'è peggio, per al malizia di certi uomini, infamia, della quale appena dopo molti anni s'è purgato.

[…]

13. Si dette alla perspettiva e all'architettura, nelle quali quanto profitto facesse lo dimostrano le sue opere. Né s'è contentato Michelangelo solamente della cognizione delle parti principali dell'architettura, ché ha voluto eziamdio saper tutto quello, ch'a tale professione per qualunche modo servisse: come di far lacci, ponti over palchi e simili cose, nelle quali tanto valse, quanto forse quelli che d'altro profession non fanno. Il che si conobbe al tempo di Giulio II per cotal via. Dovendo Michelangelo dipignere la volta della cappella di Sisto, il papa ordinò a Bramante che facesse il ponte. Egli, con tutto che fusse quell'architettore, ch'egli era, non sapendo come se lo fare, in più luoghi pertusò la volta, calando per quelli certi canapi che tenessino il ponte. Ciò vedendo, Michelangelo se ne rise e domandò Bramante come arebbe da fare, quando venisse a que' pertusi. Bramante, che difension non aveva, altro non rispose, se non che non si poteva fare altrimenti. La cosa andò inanzi al papa, e replicando Bramante quel medesimo, il papa, voltato a Michelangelo: »Poi che questo non è a proposito, va, disse, e fattelo da te.« Disfece Michelangelo il ponte e ne cavò tanti canapi che, avendogli donati a un pover uomo che l'aiutò, fu cagione ch'egli ne maritasse due sue figliuole. Così fece senza corde il suo così ben tessuto e composto, che sempre era più fermo quanto maggior peso aveva. Ciò fu cagione d'aprir gli occhi a Bramante e di imparar il modo di far un ponte; il che poi nella fabrica di San Piero molto gli giovò.

II. Ascanio Condivi, Das Leben des Michelangelo Buonarroti

1. Nachdem Michelangelo dieses Werk [d. i. die Bronzestatue Julius II. in Bologna] vollendet hatte, kam er nach Rom, wo Papst Julius, der das Grabmal immer noch nicht zu machen gedachte, sich seiner bedienen wollte. Bramante und andere Rivalen Michelangelos hatten Julius in den Kopf gesetzt, er solle ihn das Gewölbe der Kapelle von Papst Sixtus IV. im Palast ausmalen lassen, und sie machten ihm dabei Hoffnung, daß Michelangelo darin Wunder vollbringen würde. Und diesen Dienst erwiesen sie ihm aus Bosheit, um den Papst von den Werken der Bildhauerei abzulenken, denn sie waren sich sicher, daß Michelangelo entweder, wenn er sich auf dieses Unternehmen nicht einließe, den Papst gegen sich aufbrächte, oder, wenn er es annähme, es ihm viel weniger gelingen würde als Raffael von Urbino, dem sie aus Haß gegen Michelangelo jede Gunst gewährten, denn sie glaubten, daß seine hauptsächliche Kunst die Skulptur sei, was sie auch wirklich war. Michelangelo, der bis dahin nicht in Farben gearbeitet hatte und wußte, wie schwer es sein würde, ein Gewölbe auszumalen, suchte sich mit aller Kraft davon zu befreien, indem er Raffael vorschlug und sich damit entschuldigte, daß es nicht sein Metier sei und ihm nicht gelingen werde. Und er weigerte sich so sehr, daß der Papst sich fast erzürnte. Da aber Michelangelo dessen Beharrlichkeit sah, schickt er sich an, das Werk zu machen, das man heute im Palast des Papstes zur Verwunderung und zum Erstaunen der Welt sieht und das ihm so viel Ansehen einbrachte, daß es ihn über allen Neid erhob. Von diesem Werk werde ich eine kurze Nachricht geben.

2. Das Gewölbe ist seiner Gestalt nach das, was man gewöhnlich ein Tonnengewölbe nennt, und als Stützen hat es Lünetten, auf der Längsseite sechs und auf der Schmalseite zwei, so daß das Ganze zwei und ein halbes Quadrat ausmacht. Auf dasselbe hat Michelangelo haupt-

sächlich die Erschaffung der Welt gemalt, was aber hier fast das ganze alte Testament umfaßt. Dieses Werk ist folgendermaßen eingeteilt: Angefangen von den Gesimsen, worauf die Enden der Lünetten ruhen, bis fast zu einem Drittel der Gewölbekrümmung ist gleichsam eine flache Wand fingiert, auf die er bis zu diesem Punkt einige Pilaster und Sockel scheinbar aus Marmor hinauf zieht, die mit ihren Konsolen darunter und anderen kleinen Pilastern darüber über eine Fläche in Gestalt eines Balkons hinauskragen. Hier sitzen die Propheten und Sibyllen. Die unteren Pilaster, die von den Bögen der Lünetten ausgehen, nehmen die Sockel in die Mitte, wobei sie jedoch zwischen den Lünettenbögen mehr Raum frei lassen, als diese selbst einnehmen. Auf den besagten Sockeln sind mit verschiedenen Gesten einige nackte Kindlein dargestellt, die in der Art von Termini ein rings um das ganze Fresko laufendes Gesims tragen und im Gewölbespiegel von einem bis zum anderen Ende gleichsam einen offenen Himmel frei lassen. Diese Öffnung ist in neun Streifen unterteilt, da von dem Gesims über den Pilastern einige Gurtbögen ausgehen, die über den höchsten Punkt des Gewölbes hinweg laufen und auf das Gesims der gegenüber liegenden Seite treffen, wobei von einem zum anderen Bogen neun leere Räume freigelassen sind, jeweils ein großer und ein kleiner. In dem kleinen befinden sich zwei fingierte Marmorleisten, die den Raum solcherart durchschneiden, daß in der Mitte doppelt so viel Platz wie an jeder Seite bleibt. Hier sind die Medaillons angebracht, wie an entsprechender Stelle gesagt werden wird. Und das hat er so gemacht, um der Übersättigung entgehen, die aus der Gleichmäßigkeit entsteht.

3. Man sieht also am Kapellenende im ersten Bildfeld der Decke, das eines von den kleineren ist, Gott den Allmächtigen in der Luft, der durch die Bewegung der Arme das Licht von der Finsternis scheidet (Abb. 1). Im zweiten Feld ist er dabei, die zwei größeren Lichter zu schaffen, wobei man ihn mit vollständig ausgebreiteten Armen stehen sieht, mit der Rechten auf die Sonne weisend und mit der Linken

auf den Mond. Dort sind ihm zur Gesellschaft einige Engelein, von denen eines auf der linken Seite das Gesicht versteckt und sich an seinen Schöpfer schmiegt, wie um sich vor dem schädlichen Einfluß des Mondes zu schützen. In demselben Bildraum auf der linken Seite ist erneut Gott, der sich umwendet, um auf der Erde die Kräuter und Pflanzen zu schaffen, mit einer solchen Kunstfertigkeit ausgeführt, daß, wohin du dich auch wendest, er dir zu folgen scheint, wobei er den ganzen Rücken bis hin zu den Fußsohlen zeigt. Diese schöne Sache verdeutlicht uns, was die perspektivische Verkürzung vermag. Im dritten Bildfeld erscheint der große Gott gleichfalls mit Engeln in der Luft, und er schaut die Wasser und befiehlt ihnen, daß sie all' jene Tierarten hervorbringen sollen, die dieses Element ernährt, nicht anders, als er es im zweiten Bild der Erde befohlen hatte. Im vierten Feld mit der Erschaffung des Menschen sieht man Gott mit ausgestrecktem Arm und mit der Hand gleichsam dem Adam die Vorschriften für das geben, was er tun soll und was nicht; und mit dem anderen Arm umfängt er seine Engelein (Abb. 2). Im fünften ist er gezeigt, wie er aus der Rippe Adams die Frau hervorzieht, die mit gefalteten und gegen Gott gestreckten Händen herauskommt und sich mit sanfter Gebärde verneigt, so daß sie ihm zu danken und er sie zu segnen scheint. Im sechsten Feld ist der Dämon von der Mitte hinauf in menschlicher Gestalt und im übrigen als Schlange dargestellt, die sich um einen Baum windet und deren Beine in Schwänze verwandelt sind. Und indem der Dämon mit dem Menschen zu reden vorgibt, verleitet er ihn, sich gegen seinen Schöpfer zu wenden, und er reicht der Frau den verbotenen Apfel. Und im zweiten Teile des Raumes sieht man beide, vom Engel verjagt, erschreckt und betrübt, dem Angesicht Gottes entfliehen. Im siebenten ist das Opfer Abels und Kains dargestellt, jenes Gott wert und annehmbar, dieses verhaßt und verworfen (Abb. 3 und 4).

4. Im achten befindet sich die Sintflut, wo man weit hinten inmitten des Wassers die Arche Noahs sehen kann und einige, die sich zur eigenen Rettung an sie klammern (Abb. 5). Mehr in der Nähe, auf dem-

selben Gewässer, ist ein mit verschiedenen Leuten beladenes Schiff dargestellt, das man sowohl wegen seines übermäßigen Gewichts, das es hatte, als auch wegen der vielen und gewaltsamen Stöße der Wellen, mit verlorenem Segel und allen menschlichen Ratschlusses sowie aller Hilfe beraubt, bereits Wasser in sich aufnehmen und auf den Grund sinken sieht. Hier kann man mit Staunen sehen, wie das menschliche Geschlecht so elend in den Wellen zugrunde geht. In ähnlicher Weise, dem Auge näher, ragt noch die Spitze eines Berges gleich einer Insel aus den Wassern. Um den steigenden Wassern zu entfliehen, haben sich hierhin viele Männer und Frauen begeben, die unterschiedliche Affekte zeigen, alle elend und erschreckt, unter ein Zelt gekauert, das über einen Baum gespannt war, um sie von oben vor dem ungewöhnlichen Regen zu schützen; und darüber ist mit großer Kunstfertigkeit der Zorn Gottes dargestellt, der mit Wassern, mit Blitzen und Wettern sich gegen sie kehrt. Und da ist, dem Auge viel näher, auf der rechten [d. i. der linken] Seite eine andere Bergspitze mit einer Menschenmenge, die von demselben Unglück heimgesucht wird. Es würde lange währen, hiervon alles im einzelnen zu beschreiben. Mir reicht es, daß sie so lebensecht und Schrecken erregend sind, wie man es sich bei einem solchen Unglück nur vorstellen kann. Im neunten und letzten Bild findet sich die Geschichte Noahs, der, betrunken auf der Erde liegend und die Schamteile entblößend, von seinem Sohn Cham ausgelacht und von Sem und Japhet zugedeckt wurde (Abb. 6).

5. Unter dem bereits genannten Gesims, das die Wand abschließt, und über den Sockeln, auf die sich die Lünetten stützen, und zwischen den Pilastern sitzen 12 große Figuren, teils Propheten, teils Sibyllen, alle wahrhaft bewundernswert, sowohl wegen ihrer Stellungen als auch wegen ihres Schmucks und der Verschiedenheit ihrer Gewänder. Aber von allen am meisten zu bewundern ist der Prophet Jonas (Abb. 17), der an das Kopfende des Gewölbes gesetzt ist, denn entgegen der Form dieses Gewölbes und durch die Macht von Licht und Schatten erscheint der perspektivisch nach hinten verkürzte Oberkörper auf

der dem Auge näheren Seite, und die nach außen hervortretenden Beine sind in dem entfernteren Teil. Ein erstaunliches Werk, das verdeutlicht, was für eine Wissenschaft in diesem Mann hinsichtlich der Fähigkeit ist, die Linien in den Verkürzungen und der Perspektive zu zeichnen.

6. In der Zone unterhalb der Lünetten jedoch sowie auch in dem oberen Raum, der die Figur eines Dreiecks hat [d.h. in den Lünetten], ist die ganze Genealogie, oder wollen wir sagen: der Stammbaum des Erlösers gemalt, nur nicht an den Ecken, wo zwei Zwickel zu einem miteinander vereint werden und so die doppelte Fläche schaffen. In einem von diesen also, auf der rechten Seite und nahe bei der Wand des Gerichts, sieht man, wie Haman auf Befehl des Königs Ahasver an das Kreuz gehängt wurde, denn er wollte aus Hochmut und Stolz den Mardochai aufhängen lassen, den Onkel der Königin Esther, weil er ihm beim Vorbeigehen keine Ehrerbietung und Reverenz erwiesen hatte (Abb. 16). In einem anderen Eckzwickel findet sich die Geschichte von der ehernen Schlange, die Moses auf einem Pfahl errichtet, wovon das Volk Israel, das von lebendigen Schlangen verletzt und geplagt wurde, wenn es auf jene schaute, geheilt war (Abb. 15). Hier hat Michelangelo eine bewundernswerte Kraft in den Figuren gezeigt, die sich die Schlangen vom Leib reißen wollen. Und unten in der dritten Ecke ist die Rache, die Judith an Holofernes vollzogen hat (Abb. 14), und im vierten die Davids an Goliath (Abb. 13). Und dies ist in Kürze die ganze Geschichte.

7. Aber nicht weniger erstaunenswert als dies ist der Teil, der nicht zur Geschichte gehört. Das sind gewisse Aktfiguren, die über dem genannten Gesims auf einigen Sockeln sitzen und auf der einen wie auf der anderen Seite die genannten Medaillons halten, die, scheinbar aus Bronze gemacht, wie üblich auf ihrem Revers unterschiedliche Historien zeigen, jedoch alle bezogen auf die hauptsächliche Geschichte. In all' diesen Dingen hat Michelangelo durch die Schönheit der Eintei-

lung, durch die Verschiedenheit der Stellungen und bei [d. i. trotz] der Ungunst der Örtlichkeit allergrößte Kunstfertigkeit bewiesen. Aber es wäre eine unendliche Arbeit, die Einzelheiten dieser und anderer Sachen zu erzählen, und ein Band reichte hierzu nicht aus. Ich bin darüber jedoch kurz hinweggegangen, da ich nur ein wenig Licht auf das Ganze werfen wollte, anstatt die Teile genauer abzuhandeln.

8. Inmitten dieser Sache blieben ihm Verdrießlichkeiten nicht erspart, denn, nachdem er begonnen hatte und das Bild der Sintflut vollendet war, fing das Werk derart zu schimmeln an, daß man kaum mehr die Figuren erkennen konnte. Da nun Michelangelo dachte, daß dies als Entschuldigung genügen würde, ihn von dieser Last zu befreien, ging er zum Papst und sagte ihm: »Ich habe es Eurer Heiligkeit gleich gesagt, daß dies nicht mein Metier ist. Was ich gemacht habe, ist verdorben, und wenn Ihr es nicht glaubt, schickt hin und laßt nachsehen.« Der Papst schickte den San Gallo, der, als er es sah, erkannte, daß der Kalk diesen Effekt machte, weil er ihn zu wässrig aufgetragen hatte und weil die Feuchtigkeit deshalb durchschlug. Und da Michelangelo davon verständigt war, ließ der Papst keine Entschuldigung gelten und ihn weiter arbeiten.

9. Während Michelangelo malte, wollte Papst Julius mehrfach hingehen und das Werk sehen, wobei er auf einer Leiter hinaufstieg, und Michelangelo gab ihm die Hand und half ihm auf das Gerüst zu klettern. Und als jemand, der von Natur aus ungestüm war und nicht warten konnte, wollte der Papst, als die Hälfte, nämlich vom Eingang der Tür bis zur Mitte des Gewölbes, fertiggestellt war, daß er es enthülle, obwohl es noch unvollendet und nicht die letzte Hand daran angelegt war. Die Meinung und die Erwartung, die man von Michelangelo hatte, zog ganz Rom herbei, die Sache zu sehen; auch der Papst ging hin, noch bevor der Staub sich gelegt hatte, der sich beim Abbruch des Gerüstes erhob.

10. Durch die Vermittlung Bramantes versuchte Raffael bei diesem Stand des Werkes, da er die neue und wunderbare Manier gesehen hatte und als einer, der im Nachahmen erstaunlich war, den Rest der Decke zu malen. Hierüber regte sich Michelangelo sehr auf, und als er vor Papst Julius trat, beklagte er sich bitter über die Kränkungen, die Bramante ihm antue. Und in dessen Gegenwart beschwerte er sich darüber beim Papst und enthüllte ihm alle Verfolgungen, die er von Bramante erlitten hatte; und dann offenbarte er dessen viele Fehler, hauptsächlich, daß er beim Abriß von Alt-St. Peter die wunderbaren Säulen zu Boden warf, die in dieser Kirche waren, ohne sich darum zu kümmern und zu beachten, daß sie in Stücke gingen, wo er sie doch vorsichtig hätte niederlegen und ganz hätte erhalten können; und er zeigte, was für eine einfache Sache es sei, einen Ziegel auf den anderen zu legen, daß aber eine solche Säule sehr schwer zu machen sei, und viele andere Dinge, die zu erzählen nicht nötig sind, in der Art, daß der Papst, als er diese Kränkungen gehört hatte, verlangte, Michelangelo solle weitermachen. Und er bewies ihm mehr Gunst als je zuvor.

11. Er vollendete dieses ganze Werk in zwanzig Monaten, ohne irgendeine Hilfe zu haben, nicht einmal von einem, der ihm die Farben rieb. Es ist wahr, daß ich ihn habe sagen hören, dasselbe sei nicht so vollendet, wie er es wünschte, weil ihn die Eile des Papstes daran hinderte. Dieser fragte ihn eines Tages, wann er diese Kapelle fertig haben würde, und als Michelangelo ihm antwortete: »Wann ich kann«, erwiderte der Papst erzürnt: »Du willst wohl, daß ich dich von diesem Gerüst hinab werfen lasse.« Als Michelangelo das hörte, sagte er zu sich selbst: »Du wirst mich nicht hinabwerfen lassen«, und als jener gegangen war, ließ er das Gerüst abbrechen und enthüllte am Tag von Allerheiligen das Werk, das dann vom Papst, der an diesem Tage in die Kapelle ging, mit großer Befriedigung angeschaut wurde, und ganz Rom lief zusammen, es zu bewundern. Es fehlte noch das Überarbeiten des Werks auf trockenem Grund mit Ultramarinblau und an manchen Stellen mit Gold, damit es reicher erscheine. Julius wollte

noch, nachdem sein Zorn vorüber war, daß Michelangelo das noch machen sollte; der aber dachte an die Mühe, die er bei der Wiederaufrichtung des Gerüsts haben würde, und antwortete, daß das nicht von Belang sei, was daran fehlte. »Es wäre doch nötig, es mit Gold zu retuschieren,« erwiderte der Papst, worauf Michelangelo, vertraulich, wie er es mit Seiner Heiligkeit gewohnt war, sagte: »Ich sehe nicht, daß diese Menschen Gold an sich hätten.« Und der Papst entgegnete: »Es wird ärmlich sein«. »Auch diejenigen, die dort gemalt sind«, antwortete Michelangelo, »waren Arme.« So wurde ein Spaß daraus, und es ist so geblieben. Michelangelo erhielt für dieses Werk für alle seine Ausgaben dreitausend Dukaten, von denen er, wie ich ihn habe sagen hören, etwa zwanzig oder fünfundzwanzig für Farben ausgeben mußte.

12. Weil er beim Malen die Augen so lange Zeit zum Gewölbe hinauf gerichtet hatte, konnte Michelangelo nach Abschluß dieses Werkes nur wenig sehen, wenn er abwärts blickte, so daß er, wenn er einen Brief oder sonst etwas Kleingeschriebenes zu lesen hatte, es mit den Armen über den Kopf erhoben halten mußte. Nichtsdestoweniger gewöhnte er sich dann nach und nach daran, auch im Hinabsehen zu lesen. Hieraus können wir ersehen, mit welcher Aufmerksamkeit und Ausdauer er dieses Werk machte. Viele andere Dinge geschahen ihm zu Lebzeiten von Papst Julius, der ihn von Herzen liebte und mehr Sorge und Eifersucht um ihn hatte als um sonst einen, den er um sich hatte, was man aus dem, was wir darüber geschrieben haben, deutlich genug erkennen kann. Eines Tages sogar, als er sich nicht sicher war, ob Michelangelo erzürnt sei, schickte er sofort nach ihm, um ihn zu besänftigen. Die Sache verhielt sich folgendermaßen. Als Michelangelo zum Johannesfest nach Florenz gehen wollte, verlangte er Geld vom Papst, und als dieser ihn fragte, wann er die Kapelle vollenden würde, antwortete ihm Michelangelo in seiner gewohnten Art: »Sobald ich kann.« Der Papst, der von Natur aus aufbrausend war, schlug ihn mit einem Stock, den er in der Hand hielt und sagte:

»Sobald ich kann! Sobald ich kann!« Darauf kehrte Michelangelo nach Hause zurück und machte sich bereit, um unverzüglich nach Florenz zu gehen, als Cursio vom Papst geschickt herbei eilte, ein in hoher Gunst stehender junger Mann, und er brachte ihm fünfhundert Dukaten und besänftigte ihn, so gut er konnte, und entschuldigte den Papst. Michelangelo nahm die Entschuldigung an und ging nach Florenz. So schien es, daß Julius sich um nichts so sehr kümmerte, als sich diesen Mann zu erhalten; und nicht nur zu Lebzeiten wollte er sich seiner bedienen, sondern auch noch nach seinem Ableben, denn als der Tod nahte, befahl er das bereits begonnene Grabmal vollenden zu lassen, wofür er die Aufsicht dem alten Kardinal Santi Quattro und dem Kardinal von Agen, seinem Neffen, übertrug. Diese aber ließen ihn einen neuen Entwurf machen, da ihnen das erste Projekt zu groß erschien. So geriet Michelangelo erneut in die Tragödie des Grabmals, mit dem es ihm nun nicht besser erging als beim ersten Mal, sondern viel schlechter, denn es brachte ihm unendliche Verwicklungen, Unannehmlichkeiten und Beschwerden ein und, was schlimmer ist, durch die Bosheit bestimmter Männer, auch Schande, von der er sich nach vielen Jahren schwerlich befreit hat.

[…]

13. Michelangelo widmete sich der Perspektive und der Architektur, und seine Werke zeigen, welchen Nutzen er daraus gezogen hat. Michelangelo begnügte sich nicht mit der alleinigen Kenntnis der wichtigsten Teile der Architektur, sondern wollte ebenso alles wissen, was diesem Metier in jedweder Art dienen könnte, wie das Fertigen von Seilen, Gerüsten bzw. Brücken und ähnlichen Dingen, worin er so geschickt war wie jene, die keiner anderen Profession nachgehen. Dies zeigte sich zur Zeit Julius' II. in folgender Weise. Als Michelangelo das Gewölbe der Kapelle des Sixtus ausmalen sollte, befahl der Papst, daß Bramante das Gerüst errichte. Dieser, mit seiner ganzen Qualifikation als Baumeister, wußte nicht, wie er es anfangen sollte, und er machte

an mehreren Stellen Löcher in das Gewölbe und ließ durch sie einige Seile herunter, damit sie das Gerüst hielten. Als Michelangelo das sah, lachte er und fragte Bramante, wie er es denn anstellen solle, wenn er bei jenen Löchern angelangt sei. Bramante, dem keine Rechtfertigung einfiel, antwortete nichts weiter, als daß man es anders nicht machen könne. Die Angelegenheit ging bis vor den Papst, und als Bramante dieselbe Antwort gab, sagte der Papst zu Michelangelo gewandt: »Da dies nicht geeignet ist, geh' und mach dir selber eins.« Michelangelo brach das Gerüst ab und hatte dabei so viele Seile übrig, daß, nachdem er sie einem armen Hilfsarbeiter geschenkt hatte, dieser davon [d.h. dem Gegenwert der Seile] seine beiden Töchter verheiraten konnte. So machte er sein Gerüst ohne Seile derartig gut konstruiert und zusammengesetzt, daß es bei zunehmendem Gewicht stabiler wurde. Das war der Grund dafür, daß Bramante die Augen geöffnet wurden und er die Art ein Gerüst aufzuschlagen erlernte, das ihm dann beim Bau von St. Peter sehr nützte.

III. Giorgio Vasari, Vita di Michelangelo Buonarroti (1568)

1. Mentre che' l Papa se n'era tornato a Roma e che Michelangelo aveva condotto questa statua, nella assenzia di Michelangelo Bramante, amico e parente di Raffaello da Urbino e per questo rispetto poco amico di Michelangelo, vedendo che il Papa favoriva ed ingrandiva l'opere che faceva di scoltura, andaron pensando di levargli dell'animo che, tornando Michelangelo, Sua Santità non facessi attendere a finire la sepoltura sua, dicendo che pareva uno affrettarsi la morte, et augurio cattivo il farsi in vita il sepolcro; e lo persuasono a far che nel ritorno di Michelangelo Sua Santità, per memoria di Sisto suo zio, gli dovessi far dipignere la volta della cappella che egli aveva fatta in palazzo; et in questo modo pareva a Bramante et altri emuli di Michelangelo di ritrarlo dalla scoltura, ove lo vedeva perfetto, e metterlo in disperazione, pensando, col farlo dipignere, che dovessi fare, per non avere sperimento ne' colori a fresco, opera men lodata, e che dovessi riuscire da meno che Raffaello; e caso pure che e' riuscissi il farlo, el facessi sdegnare per ogni modo col Papa, dove ne avessi a seguire, o nell' uno modo o nell'altro, l'intento loro di levarselo dinanzi.

2. Così, ritornato Michelangelo a Roma, e stando in proposito il Papa di non finire per allora la sua sepoltura, lo ricercò che dipignessi la volta della cappella. Il che Michelangelo, che desiderava finire la sepoltura, e parendogli la volta di quella cappella lavor grande e dificile, e considerando la poca pratica sua ne' colori, cercò con ogni via di scaricarsi questo peso da dosso, mettendo per ciò innanzi Raffaello. Ma tanto quanto più ricusava, tanto maggior voglia ne cresceva al Papa, impetuoso nelle sue imprese, e per arroto di nuovo dagli emuli di Michelangelo stimolato, e spezialmente da Bramante, che quasi il Papa, che era subito, si fu per adirare con Michelangelo. Là dove, visto che perseverava Sua Santità in questo, si risolvè a farla; et a Bramante comandò il Papa che facessi, per poterla dipignere, il palco: dove lo fece impiccato tutto sopra canapi, bucando la volta. Il che da Michelangelo visto, dimandò Bramante come egli avea a fare, finito che avea di dipignerla, a riturare i buchi; il quale disse: »E' vi si penserà poi« e che non si poteva fare altrimenti. Conobbe Michelangelo che o Bramante in questo valeva poco, o che e' gli era poco amico, e se n'andò dal Papa, e gli disse che quel ponte non stava bene e che Bramante non l'aveva saputo fare; il quale gli rispose, in presenzia di Bramante, che lo facessi a modo suo. Così ordinò di farlo sopra i sorgozzoni, che non toccassi il muro, che fu il modo che ha insegnato poi et a Bramante et agli altri di armare le volte e fare molte buone opere. Dove egli fece avanzare a un povero uomo legnaiuolo, che lo rifece, tanto di canapi, che, vendutogli, avanzò la dote per una sua figliuola, donandogliene Michelangelo.

3. *Michelangelo per il che messo mano a fare i cartoni di detta volta, dove volse ancora il Papa che si guastassi le facciate che avevano già dipinto al tempo di Sisto i maestri innanzi a lui, e fermò che per tutto il costo di questa opera avessi quindicimila ducati; il quale prezzo fu fatto per Giuliano da San Gallo.* Per il che sforzato Michelangelo dalla grandezza della impresa a risolversi di volere pigliare aiuto, e mandato a Fiorenza per uomini, e deliberato mostrare in tal cosa, che quei che prima v'avevano dipinto dovevano essere prigioni delle fatiche sue, volse ancora mostrare agli artefici moderni come si disegna e dipigne. Laonde il suggetto della cosa lo spinse a andare tanto alto per la fama e per la salute dell'arte, che cominciò *e finì* i cartoni, e quella volendo poi colorire a fresco, e non avendo fatto più, vennero da Fiorenza in Roma alcuni amici suoi, pittori, perchè a tal cosa gli porgessero aiuto, et ancora per vedere il modo del lavorare a fresco da loro, nel qual v'erano alcuni pratichi, fra i quali furono il Granaccio, Giulian Bugiardini, Iacopo di Sandro, l'Indaco vecchio, Agnolo di Donnino, et Aristotile; e dato principio all'opera, fece loro cominciare alcune cose per saggio. Ma veduto le fatiche loro molto lontane dal desiderio suo, e non sodisfacendogli, una mattina si risolse gettare a terra ogni cosa che avevano fatto. E rinchiusosi nella cappella, non volse mai aprir loro, nè manco in casa, dove era, da essi si lasciò vedere. E così dal le beffa, la quale pareva loro che troppo durasse, presero partito e con vergogna se ne tornarono a Fiorenza.

4. Laonde Michelangelo, preso ordine di far da sé tutta quella opera, a bonissimo termine la ridusse con ogni sollecitudine di fatica e di studio, né mai si lasciava vedere per non dare cagione che tal cosa s'avesse a mostrare; onde negli animi delle genti nasceva ogni dì maggior desiderio di vederla. Era Papa Giulio molto desideroso di vedere le imprese che e' faceva; per il che di questa che gli era nascosa venne in grandissimo desiderio; onde volse un giorno andare a vederla, e non gli fu aperto, *ché Michelangelo non averebbe voluto mostrarla. Per la qual cosa nacque il disordine, come s'è ragionato, che s'ebbe a partire di Roma, non volendo mostrarla al Papa: che, secondo che io intesi da lui per chiarir questo dubbio, quando e' ne fu condotta il terzo, la gli cominciò a levare certe muffe, traendo tramontano una invernata. Ciò fu cagione che la calce di Roma, per essere bianca fatta di trevertino, non secca così presto, e mescolata con la pozzolana, che è di color tanè, fa una mestica scura, e quando l' è liquida, aquosa e che 'l muro è bagnato bene, fiorisce spesso nel seccarsi; dove che in molti luoghi sputava quello salso umore fiorito, ma col tempo l'aria lo consumava. Era di questa cosa disperato Michelangelo, né voleva seguitare più, e scusandosi col Papa che quel lavoro non gli riusciva, ci mandò Sua Santità Giuliano da San Gallo, che, dettogli da che veniva il difetto, lo confortò a seguitare e gli insegnò a levare le muffe.*

5. Là dove condottola fino alla metà, il Papa, che v'era poi andato a vedere alcune volte per certe scale a piuoli aiutato da Michelangelo, volse che ella si scoprissi, perchè era di natura frettoloso e impaziente, e non poteva aspettare ch'ella fussi perfetta, et avessi avuto, come si dice, l'ultima mano. Trasse, subito che fu scoperta, tutta Roma a vedere; et il Papa fu il primo, non avendo pazienzia che abbassassi la polvere per il disfare dei palchi. Dove Raffaello da Urbino, che era molto eccellente in imitare, vistola, mutò subito maniera, e fece a un tratto, per mostrare la virtù sua, i Profeti e le Sibille dell'opera della Pace; e Bramante allora tentò che l'altra metà della cappella si desse dal Papa a Raffaello. Il che inteso Michelangelo si dolse di Bramante e disse al Papa, senza avergli rispetto, molti difetti e della vita e delle opere sue d'architettura, che, come s'è visto poi, Michelangelo nella fabbrica di San Piero n'è stato correttore. Ma il Papa, conoscendo ogni giorno più la virtù di Michelangelo, volse che seguitasse e, veduto l'opera scoperta, giudicò che Michelangelo l'altra metà la poteva migliorare assai. E così del tutto condusse alla fine perfettamente in venti mesi da sé solo quell'opera senza aiuto pure di chi gli macinassi i colori.

6. Èssi Michelangelo doluto talvolta che, per la fretta che li faceva il Papa, e' non la potessi finire come arebbe voluto a modo suo, dimandandogli il Papa importunamente quando e' finirebbe. Dove, una volta fra l'altre, gli rispose che ella sarebbe finita, »quando io arò satisfatto a me nelle cose dell'arte«. »E noi vogliamo«, rispose il Papa, »che satisfacciate a noi nella voglia che aviamo di farla presto«; gli conchiuse finalmente che, se non la finiva presto, che lo farebbe gettare giù da quel palco. Dove Michelangelo, che temeva et aveva da temere la furia del Papa, finì subito senza metter tempo in mezzo quel che ci mancava; e disfatto il resto del palco, la scoperse la mattina d'Ognissanti, che 'l Papa andò in cappella là a cantare la messa, con satisfazione di tutta quella città.

7. Desiderava Michelangelo ritoccare alcune cose a secco, come avevon fatto que' maestri vecchi nelle storie di sotto: certi campi e panni et arie di azzurro oltramarino et ornamenti d'oro in qualche luogo, acciò gli desse più ricchezza e maggior vista; per che, avendo inteso il Papa che ci mancava ancor questo, desiderava, sentendola lodar tanto da chi l'aveva vista, che la fornissi; ma perché era troppa lunga cosa a Michelangelo rifare il palco, restò pur così. Il Papa, vedendo spesso Michelangelo, gli diceva: »Che la Cappella si arricchisca di colori e d'oro, che l'è povera«. Michelangelo con domestichezza rispondeva: »Padre Santo, in quel tempo gli uomini non portavano addosso oro, e quegli che son dipinti non furon mai troppo ricchi, ma santi uomini, perché gli sprezzaron le ricchezze.«

8. Fu pagato in più volte a Michelangelo dal Papa a conto di quest'opera tremila scudi che ne dovette spendere in colori venticinque. Fu condotta questa opera con suo grandissimo disagio dello stare a lavorare col capo all'insù, e talmente aveva guasto la vista che non poteva legger lettere né guardar disegni, se non all'insù; che gli durò poi parecchi mesi. Et io ne posso fare fede, che avendo lavorato cinque stanze in volta per le camere grandi del palazzo del Duca Cosimo, se io non avessi fatto una sedia che s'appoggiava la testa e si stava a giacere lavorando, non le conducevo mai; ché mi ha rovinato la vista et indebolito la testa di maniera, che me ne sento ancora; e stupisco che Michelangelo reggessi tanto a quel disagio. Imperò, acceso ogni di più dal desiderio del fare et allo acquisto e miglioramento che fece, non sentiva fatica né curava disagio.

9. È il partimento di questa opera accomodato con sei peducci per banda, et uno nel mezzo delle facce da piè e da capo, ne' quali ha fatto, di braccia sei di grandezza, drento Sibille e Profeti, e nel mezzo dal la Creazione del mondo fino al Diluvio et la Inebriazione di Noè, e nelle lunette tutta la Generazione di Gesù Cristo (fig. 7 e 8). Nel partimento non ha usato ordine di prospettive che scortino, né v'è veduta ferma; ma è ito accomodando più il partimento alle figure, che le figure al partimento, bastando condurre gli ignudi e vestiti con perfezione di disegno, che non si può né fare né s'è fatto mai opera, et appena con fatica si può imitare il fatto. Questa opera è stata *et è* veramente la lucerna dell'arte nostra, che ha fatto tanto giovamento e lume all'arte della pittura, che ha bastato a illuminare il mondo per tante centinaia d'anni in tenebre stato. E nel vero non curi più chi è pittore di vedere novità et invenzioni di attitudini, abbigliamenti addosso a figure, modi nuovi d'aria, e terribilità di cose variamente dipinte; perchè tutta quella perfezione che si può dare a cosa che in tal magisterio si faccia, a questa ha dato.

10. Ma stupisca ora ogni uomo, che in quella sa scorger la bontà delle figure, la perfezione degli scorti, la stupendissima rotondità di contorni, che hanno in sé grazia e sveltezza, girati con quella bella proporzione che nei belli ignudi si vede; ne' quali per mostrar gli stremi e la perfezione dell'arte, ve ne fece di tutte l'età, diferenti d'aria e di forma, così nel viso come ne' lineamenti, di aver più sveltezza e grossezza nelle membra, come ancora si può conoscere nelle bellissime attitudini che differente[mente] e'fanno, sedendo e girando e sostenendo alcuni festoni di foglie di quercia e di ghiande (fig. 1 e 3), messe per l'arme e per l'impresa di Papa Giulio, denotando che a quel tempo et al governo sua era l'età dell'oro, per non essere allora la Italia ne' travagli e nelle miserie che ella è stata poi. Così in mezzo di loro tengono

alcune medaglie, dentrovi storie in bozza e contrafatte in bronzo e d'oro, cavate dal Libro de' Re.

11. Senzaché egli, per mostrare la perfezione dell'arte e la grandezza di Dio, fece nelle istorie il suo dividere la luce dalle tenebre, nelle quale si vede la Maestà sua che con le braccia aperte si sostiene sopra sé solo e mostra amore insieme et artifizio (fig. 1). Nella seconda fece, con bellissima discrezione et ingegno quando Dio fa il sole e la luna, dove è sostenuto da molti putti e mostrasi molto terribile per lo scorto delle braccia e delle gambe. Il medesimo fece nella medesima storia quando, benedetto la terra e fatto gli animali, volando si vede in quella volta una figura che scorta, e dove tu camini per la capella, continuo gira e si volta per ogni verso; così nell'altra, quando divide l'acqua dalla terra: figure bellissime et acutezze d'ingegno degne solamente d'essere fatte dalle divinissime mani di Michelangelo. E così seguitò sotto a questo la Creazione di Adamo, dove ha figurato Dio portato da un gruppo di angioli ignudi e di tenera età, i quali per che sostenghino non solo una figura ma tutto il peso del mondo, apparente tale mediante la venerabilissima maiestà di quello e la maniera del moto, nel quale con un braccio cigne alcuni putti, quasi che egli si sostenga, e con l'altro porge la mano destra a uno Adamo, figurato – di bellezza, di attitudine e di dintorni – di qualità che e' par fatto di nuovo dal sommo e primo suo Creatore più tosto che dal pennello e disegno d'uno uomo tale (fig. 2).

12. Poco disotto a questa in una altra istoria fe' il suo cavar della costa della madre nostra Eva, nella quale si vede quegli ignudi, l'un quasi morto per essere prigion del sonno e l'altra divenuta viva e fatta vigilantissima per la benedizione di Dio. Si conosce dal pennello di questo ingegnosissimo artefice interamente la differenza che è dal sonno alla vigilanza, e quanto stabile e ferma possa apparire, umanamente parlando, la maestà divina. Seguitale disotto come Adamo, alle persuasioni d'una figura mezza donna e mezza serpe, prende la morte

sua e nostra nel pomo, e veggonvisi egli et Eva cacciati di Paradiso. Dove nella figura dell'angelo appare con grandezza e nobiltà la esecuzione del mandato d'un Signore adirato, e nella attitudine di Adamo il dispiacere del suo peccato, insieme con la paura della morte; come nella femina similmente si conosce la vergogna, la viltà e la voglia del raccomandarsi, mediante il suo restringersi nelle braccia, giuntar le mani a palme, e mettersi il collo in seno; e nel torcer la testa verso l'angelo, che ella ha più paura della iustizia che speranza della misericordia divina.

13. Né di minor bellezza è la storia del Sacrificio di Caino et Abel, dove sono chi porta le legne e chi soffia chinato nel fuoco, et altri che scannono la vittima; la quale certo non è fatta con meno considerazione et accuratezza che le altre (fig. 3 e 4). Usò l'arte medesima et il medesimo giudizio nella storia del Diluvio, dove appariscono diverse morti d'uomini, che spaventati dal terror di que' giorni, cercano il più che possono per diverse vie scampo alle lor vite; perciò chè nella testa di quelle figure si conosce la vita esser in preda della morte, non meno che la paura, il terrore et il disprezzo d'ogni cosa. Vedevisi la pietà di molti, aiutandosi l'un l'altro tirarsi al sommo d'un sasso, cercando scampo; tra' quali vi è uno che, abbracciato un mezzo morto, cerca il più che può di camparlo, che la natura non lo mostra meglio. Non si può dir quanto sia bene espressa la storia di Noè, quando inebriato dal vino dorme scoperto et ha presenti un figliuolo che se ne ride e due che lo ricuoprono; storia e virtù d'artefice incomparabile e da non poter essere vinta se non da sé medesima.

14. Conciosiachè, come se ella per le cose fatte insino allora avessi preso animo, risorse e demostrossi molto maggiore nelle cinque Sibille e ne' sette Profeti, fatti qui di grandezza di 5 braccia l'uno e più, dove in tutti sono attitudini varie, e bellezza di panni e varietà di vestiri, e tutto insomma con invenzione et iudizio miracoloso, onde a chi distingue gli affetti loro appariscono divini. Vedesi quel Ieremia con le

gambe incrocicchiate tenersi una mano alla barba, posando il gomito sopra il ginocchio, l'altra posar nel grembo et aver la testa chinata d'una maniera che ben dimostra la malinconia, i pensieri, la cogitazione, e l'amaritudine che egli ha del suo popolo; così medesimamente due putti che gli sono dietro. E similmente è nella prima Sibilla [i. e. la Persica] di sotto a lui verso la porta, nella quale volendo esprimere la vecchiezza, oltra che egli, aviluppandola di panni, ha voluto mostrare che già i sangui sono aghiacciati dal tempo, et in oltre nel leggere, per avere la vista già logora, li fa accostare il libro alla vista acutissimamente (fig. 9). Sotto a questa figura è Ezechiel profeta vecchio, il quale ha una grazia e movenzia bellissima et è molto di panni abbigliato, che con una mano tiene un ruotolo di profezie, con l'altra sollevata voltando la testa mostra voler parlar cose alte e grandi, e dietro ha due putti che gli tengono i libri. Seguita sotto questi una Sibilla [i. e. Eritrea] che fa il contrario di Eritrea sibilla [recte: Persica], che di sopra dicemmo, perché tenendo il libro lontano cerca voltare una carta, mentre ella con un ginocchio sopra l'altro si ferma in sé, pensando con gravità quel ch'ella de' scrivere, fin che un putto che gli è dietro, soffiando in un stizzon di fuoco, gli accende la lucerna. La qual figura è di bellezza straordinaria per l'aria del viso e per l'acconciatura del capo e per lo abbigliamento de'panni, oltra ch'ella ha le braccia nude, le quali son come l'altre parti. Fece sotto questa Sibilla Ioel profeta (fig. 11), il quale, fermatosi sopra di sé, ha preso una carta, e quella con ogni intenzione et affetto legge; dove nell'aspetto si conosce che egli si compiace tanto di quel ch'e' truova scritto, ch'e' pare una persona viva quando ella ha applicato molte parte i suoi pensieri a qualche cosa.

15. Similmente pose sopra la porta della cappella il vecchio Zacheria, il quale, cercando per il libro scritto d'una cosa che egli non truova, sta con una gamba alta e l'altra bassa, e mentre che la furia del cercare quel che non truova lo fa stare così, non si ricorda del disagio che egli in così fatta positura patisce. Questa figura è di bellissimo aspetto per la vecchiezza et è di forma alquanto grossa, et ha un panno con poche

pieghe, che è bellissimo; oltra che e' vi è un'altra Sibilla [i. e. la Delfica] che, voltando in verso l'altare dall'altra banda, col mostrare alcune scritte, non è meno da lodare coi suoi putti che si siano l'altre. Ma chi considererà Isaia profeta (fig. 16) che gli è di sopra, il quale, stando molto fiso ne' suoi pensieri, ha le gambe sopraposte l'una a l'altra, e tenendo una mano dentro al libro per segno del dove egli leggeva, ha posato l'altro braccio col gomito sopra il libro, et apoggiato la gota alla mano, chiamato da un di que' putti che egli ha dietro, volge solamente la testa senza sconciarsi niente del resto: vedrà tratti veramente tolti dalla natura stessa, vera madre dell'arte, e vedrà una figura che, tutta bene studiata, può insegnare largamente tutti i precetti del buon pittore. Sopra a questo Profeta è una Sibilla vecchia bellissima [i. e. la Cumana], che, mentre che ella siede, studia in un libro con una eccessiva grazia e non senza belle attitudini di due putti che le sono intorno.

16. Né si può pensare d'immaginarsi di potere aggiugnere alla eccellenza della figura di un giovane fatto per Daniello, il quale, scrivendo in un gran libro, cava di certe scritte alcune cose e le copia con una avidità incredibile. E per sostenimento di quel peso, gli fece un putto fra le gambe, che lo regge mentre che egli scrive, il che non potrà mai paragonare pennello, tenuto da qualsivoglia mano; così come la bellissima figura della Libica, la quale avendo scritto un gran volume tratto da molti libri, sta con una attitudine donnesca per levarsi in piedi et in un medesimo tempo mostra volere alzarsi e serrare il libro: cosa difficilissima, per non dire impossibile, ad ogni altro che al suo maestro.

17. Che si può egli dire delle quattro storie de' canti, ne' peducci di quella volta? dove nell'una Davit (fig. 13) con quella forza puerile che più si può nella vincita d'un gigante spiccandoli il collo, fa stupire alcune teste di soldati che sono intorno al campo; come ancora maravigliare altrui le bellissime attitudini che egli fece nella storia di Iudit

(fig. 14), nell'altro canto, nella quale apparisce il tronco di Oloferne che privo della testa si risente, mentre che ella mette la morta testa in una cesta in capo a una sua fantesca vecchia, la quale, per essere grande di persona, si china acciò Iudit la possa aggiugnere per acconciarla bene; e mentre che ella, tenendo le mani al peso, cerca di ricoprirla e, voltando la testa verso il tronco – il quale così morto nello alzare una gamba et un braccio fa romore dentro nel padiglione –, mostra nella vista il timore del campo e la paura del morto: pittura veramente consideratissima. Ma più bella e più divina di questa e di tutte l'altre ancora è la storia delle Serpi di Moisè (fig. 15), la quale è sopra il sinistro canto dello altare, conciossiachè in lei si vede la strage che fa de' morti il piovere, il pugnere et il mordere delle serpi, e vi apparisce quella che Moisè messe di bronzo sopra il legno; nella quale storia vivamente si conosce la diversità delle morti che fanno coloro che privi sono d'ogni speranza per il morso di quelle. Dove si vede il veleno atrocissimo far di spasmo e paura morire infiniti; senza il legare le gambe et avvolgere alle braccia coloro che, rimasti in quella attitudine ch'egli erano, non si possono muovere; senza le bellissime teste che gridano, et arrovesciate si disperano. Né manco belli di tutti questi sono coloro che, riguardando il serpente e sentendosi nel riguardarlo alleggerire il dolore e rendere la vita, lo riguardano con affetto grandissimo; fra i quali si vede una femina che è sostenuta da uno d'una maniera che e' si conosce non meno l'aiuto che l'è porto da chi la regge, che il bisogno di lei in sì subita paura e puntura. Similmente nell'altra, dove Assuero (fig. 16) essendo in letto legge i suoi annali, son figure molto belle, e tra l'altre vi si veggon tre figure a una tavola, che mangiano, nelle quali rappresenta il consiglio che e' si fece di liberare il popolo ebreo e di appiccare Aman; la quale figura fu da lui in scorto straordinariamente condotta, avvenga chè e' finse il tronco che regge la persona di colui e quel braccio che viene innanzi non dipinti ma vivi e rilevati in fuori, così con quella gamba che manda innanzi, e simil parti che vanno dentro; figura certamente, fra le difficili e belle, bellissima e difficilissima. Che troppo lungo sarebbe a dichiarare le tante belle fantasie d'atti diferenti dove tutta è la Geonologia de' Padri, cominciando da' figliuoli di Noè, per mostrare la generazione di Gesù Cristo. Nelle qual figure non si può dire la diversità delle cose, come panni, arie di teste et infinità di capricci straordinari e nuovi e bellissimamente considerati; dove non è cosa che con ingegno non sia messa in atto, e tutte le figure che vi sono son di scorti bellissimi et artifiziosi, et ogni cosa che si ammira è lodatissima e divina.

18. Ma chi non amirerà e non resterà smarrito, veggendo la terribilità dell'Iona (fig. 17), ultima figura della cappella? dove con la forza della arte la volta, che per natura viene innanzi girata dalla muraglia, sospinta dalla apparenza di quella figura, che si piega indietro apparisce diritta e, vinta dall'arte del disegno, ombre e lumi, pare che veramente si pieghi in dietro. Oh veramente felice età nostra, oh beati artefici, che ben così vi dovete chiamare, da che nel tempo vostro avete potuto al fonte di tanta chiarezza rischiarare le tenebrose luci degli occhi e vedere fattovi piano tutto quel che era dificile da sì maraviglioso e singulare artefice! Certamente la gloria delle sue fatiche vi fa conoscere et onorare, da che ha tolto da voi quella benda che avevate innanzi agli occhi della mente sì di tenebre piena, e v'ha scoperto il vero dal falso, il quale v'adombrava l'intelletto. Ringraziate di ciò, dunque, il cielo, e sforzatevi d'imitare Michelangelo in tutte le cose.

19. Sentissi nel discoprirla correre tutto il mondo d'ogni parte, e questo bastò per fare rimanere le persone trasecolate e mutole; laonde il Papa, di tal cosa ingrandito, e dato animo a sé di far maggiore impresa, con danari e ricchi doni rimunerò molto Michelangelo, *il quale diceva alle volte de' favori che gli faceva quel Papa tanto grandi, che mostrava di conoscere grandemente la virtù sua; e se tal volta, per una sua cotale amorevolezza, gli faceva villania, la medicava con doni e favori segnalati: come fu quando dimandandogli Michelangelo licenzia, una volta, di andare a fare il San Giovanni a Fiorenza, e chiestogli per ciò danari, disse: »Be', questa cappella quando sarà finita?« »Quando potrò, Padre Santo«. Il Papa, che aveva una mazza in mano, percosse Michelangelo,*

dicendo: »Quando potrò, quando potrò: te la farò finire bene io.« Però tornato a casa Michelangelo, per mettersi in ordine per ire a Fiorenza, mandò subito il Papa Cursio suo camerieri a Michelangelo con 500 scudi, dubitando che non facessi delle sue, a placarlo, facendo scusa del Papa, che ciò erano tutti favori et amorevolezze. E perché conosceva la natura del Papa e finalmente l'amava, se ne rideva, vedendo poi finalmente ritornare ogni cosa in favore et util suo, e che procurava quel pontefice ogni cosa per mantenersi questo uomo amico.

IV. Giorgio Vasari, Das Leben Michelangelo Buonarrotis (1568)

1. Als der Papst nach Rom zurückgekehrt war und Michelangelo die besagte Statue [d.i. die Bronzestatue Julius II. in Bologna] vollendet hatte, gedachte Bramante, ein Freund und Verwandter Raffaels aus Urbino und daher dem Michelangelo wenig gewogen, dessen Abwesenheit auszunutzen. Da sie sahen, wie sehr der Papst die Skulpturen Michelangelos favorisierte und wie er von ihnen angetan war, versuchten sie ihn hiervon abzulenken, indem sie sagten, es sei ein schlimmes Vorzeichen und zeige zu große Eile gegenüber dem Tod, wenn Seine Heiligkeit bereits zu Lebzeiten die Vollendung seines eigenen Grabmales betreibe. Sie überredeten Seine Heiligkeit, zum Gedächtnis seines Onkels Sixtus IV. das Gewölbe jener Kapelle, die dieser im Vatikanspalast erbaut hatte, durch Michelangelo nach dessen Rückkehr ausmalen zu lassen. Und auf diese Weise gedachten Bramante und andere Widersacher Michelangelos ihn von der Bildhauerei, in der sie ihn für vollkommen hielten, abzulenken und ihn zur Verzweiflung zu treiben, denn sie glaubten, daß er aufgrund seines Mangels an Erfahrung in der Freskotechnik, sobald er malen mußte, wenig Lobenswertes zustande brächte und weniger reüssieren würde als Raffael. Doch selbst falls Michelangelo dieses Werk [in Fresko] gelänge, so würde er sich doch in jedem Fall hierbei mit dem Papst überwerfen, und ihr Ziel, sich seiner zu entledigen, wäre auf die eine wie auf die andere Weise erreicht.

2. Bei Michelangelos Rückkehr nach Rom, als der Papst beschlossen hatte, sein Grabmal im Augenblick nicht zu vollenden, bat er ihn, das Gewölbe der [Sixtinischen] Kapelle auszumalen. Michelangelo, der das Grabmal [Julius' II.] zu vollenden wünschte und dem das Gewölbe der Kapelle eine große und schwierige Arbeit zu sein schien und der zudem seine geringe Praxis in der Malerei bedachte, versuchte sich auf alle Weise dieses Auftrags zu entledigen und schlug deshalb Raffael vor. Je mehr er sich jedoch sträubte, um so mehr stieg das Verlangen des in allen seinen Unternehmungen ungestümen Papstes, der hier noch durch Michelangelos Nebenbuhler, besonders aber durch Bramante angestachelt wurde, so daß er sich, aufbrausend wie er war, fast mit Michelangelo erzürnt hätte. Als Michelangelo bemerkte, daß Seine Heiligkeit auf der Entscheidung beharrte, beschloß er die Arbeit zu übernehmen, und Bramante erhielt vom Papst den Auftrag, das für die Malerei nötige Gerüst zu errichten, das er ganz an Seilen aufhängte, wozu er die Wölbung durchlöcherte. Als Michelangelo das sah, fragte er Bramante, wie man denn nach Beendigung der Malerei die Löcher ausfüllen wolle, worauf jener erwiderte: »Daran werde man später denken« und daß man es anders nicht machen könnte. Michelangelo erkannte, daß Bramante hiervon wenig verstand oder wenig Freundschaft für ihn hegte. Und er ging zum Papst und sagte ihm, das Gerüst tauge nichts und Bramante habe es nicht zu machen gewußt, worauf jener [der Papst] in Gegenwart Bramantes entgegnete, Michelangelo solle nach eigenem Ermessen vorgehen. So ließ er sein Gerüst auf langen Traversbalken aufrichten, so daß es das Mauerwerk [der Wölbung] nicht berührte – ein Verfahren, wodurch er Bramante und andere lehrte, Wölbungen einzurüsten und viele gute Werke auszuführen. Die so übrig gebliebenen Seile schenkte Michelangelo einem armen Mann, dem für den Gerüstbau verantwortlichen Schreiner, der sie verkaufte und dadurch die Aussteuer seiner Tochter bestreiten konnte.

3. Michelangelo begann die Kartons zu dem besagten Gewölbe, und der Papst, der auch die von den älteren Künstlern zur Zeit Sixtus IV. gemalten Wandbilder herunterschlagen lassen wollte, bestimmte für dieses Werk den Preis von fünfzehntausend Dukaten, ein Preis, den Giuliano da San Gallo angesetzt hatte. Da nun die Größe des Unternehmens Michelangelo zu dem Entschluß zwang, Hilfe zu nehmen, forderte er aus Florenz einige Männer an und wollte mit diesem Werke all jene in den Schatten stellen, die vor ihm hier gearbeitet hatten, und zugleich den neueren Künstlern zeigen, wie man zeichnet und malt. So wurde er durch die Umstände dieses Werks dazu getrieben, zum Ruhm und Heil der Kunst immer weiter zu gehen, und er begann *und vollendete* die Kartons. Als er sie aber in Fresko ausführen wollte und da er vorher nichts Derartiges gemalt hatte, kamen einige befreundete Maler aus Florenz nach Rom, um ihm zu helfen und um ihm die Behandlung der Freskofarben zu zeigen, worin einige von ihnen Erfahrung hatten. Unter ihnen waren

Granacci, Giuliano Bugiardini, Jacopo di Sandro, Indaco der Ältere, Agnolo di Donnino und Aristotile [da Sangallo], und nach dem Beginn der Arbeiten, ließ er sie einiges zur Probe ausführen. Da aber ihre Bemühungen bei weitem nicht seinen Wünschen entsprachen und ihn nicht zufrieden stellten, beschloß er eines Morgens, alle ihre Arbeiten herunterzuschlagen. Er sperrte sich in der Kapelle ein und wollte ihnen nicht öffnen, ebenso wenig ließ er sich in seinem Hause vor ihnen blicken. Da ihnen das alles für einen Scherz zu lange dauerte, faßten sie einen Entschluß und kehrten beschämt nach Florenz zurück.

4. Und so nahm Michelangelo die Ausführung des gesamten Werkes allein auf sich und brachte es mit aller Sorgfalt sowie mit Fleiß und Studium zum besten Ende, ließ sich aber nirgends blicken, um nicht Veranlassung zu geben, seine Arbeit irgendwem zeigen zu müssen. Dadurch stieg die Neugier der Leute mit jedem Tage mehr, und auch Papst Julius trug großes Verlangen zu sehen, was er mache, und da vor ihm alles verdeckt blieb, wurde dieses Verlangen immer größer. Deshalb wollte er eines Tages hingehen, um die Arbeit anzusehen, doch weil Michelangelo sein Werk nicht zeigen wollte, öffnete man ihm nicht. Hieraus *entstand der Streit, der, wie bereits berichtet wurde, Michelangelos Abreise aus Rom herbeiführte. Er wollte aber dem Papst seine Arbeit nicht zeigen, weil sich (wie ich von ihm selbst anläßlich der Klärung dieser Umstände erfuhr) nach der Vollendung von etwa einem Drittel des ganzen Werks während des kalten winterlichen Nordwindes Schimmel auf der Malerei angesetzt hatte. Der Grund hierfür war, daß der in Rom zur Erzielung weißer Farbigkeit aus Travertin hergestellte Kalkbewurf nicht besonders schnell trocknet und mit der lohfarbenen Pozzolanerde vermischt einen dunklen und, wenn er flüssig ist, einen wässrigen Malgrund gibt. Die Mauer nun, wenn sie gut genäßt ist, blüht beim Abtrocknen leicht aus, da an vielen Stellen die salzige Feuchtigkeit hervorkommt, die indessen mit der Zeit von der Luft aufgezehrt wird. Voll Verzweiflung über diesen Umstand wollte Michelangelo die Arbeit nicht weiterführen, und als er sich beim Papst entschuldigte, daß sie ihm nicht gelinge, schickte ihm Seine Heiligkeit Giuliano da*

San Gallo, der Michelangelo über die Ursache des Problems aufklärte, ihn den Schimmel zu entfernen lehrte und ihn ermunterte fortzufahren.

5. Als das Werk bis zur Hälfte gediehen war, wollte der Papst, der mit Hilfe Michelangelos mehrmals auf Leitern zur Besichtigung hinaufgestiegen war, daß es enthüllt werde, denn er war von hastiger und ungeduldiger Natur und konnte nicht abwarten, bis es vollkommen, bis, wie man sagt, die letzte Hand daran angelegt war. Sofort, nachdem es aufgedeckt war, strömte ganz Rom herbei, um es zu sehen, allen voran der Papst, der nicht die Geduld besaß, abzuwarten, bis sich der Staub vom Niederreißen des Gerüstes gelegt hatte. Raffael von Urbino aber, ausgezeichnet im Nachahmen, änderte, sobald er es gesehen hatte, sofort seinen Stil und malte kurz darauf, um seine Kunstfertigkeit zu zeigen, die Propheten und Sibyllen in der Kirche Santa Maria della Pace. Bramante schließlich suchte zu bewirken, daß der Papst die andere Hälfte der Kapelle Raffael übertrage. Als Michelangelo dies hörte, beschwerte er sich über Bramante und bezichtigte ihn vor dem Papst rücksichtslos vieler Fehler und zwar sowohl im Leben als auch in der Baukunst, die, wie man dann gesehen hat, durch Michelangelo beim Bau von St. Peter verbessert worden sind. Aber der Papst, der Michelangelos Kunstfertigkeit jeden Tag höher zu schätzen lernte, wollte, daß er die Arbeit weiterführe. Und nachdem er das Werk enthüllt gesehen hatte, gelangte er zu dem Schluß, daß Michelangelo bei der anderen Hälfte noch Besseres leisten werde. Dieser aber brachte in zwanzig Monaten jenes Werk ganz allein ohne irgend eine andere Hilfe als die des Farbenreibers vollständig und vollkommen zu Ende.

6. Michelangelo bekümmerte es bisweilen, daß er durch die Ungeduld des Papstes daran gehindert wurde, das Werk nach eigenem Wunsch und Gutdünken auszuführen, da der Papst ihn unaufhörlich mit der Frage belästigte, wann er fertig werden würde. Und als er ihm während einer dieser Gelegenheiten antwortete: »Ich werde enden, wenn ich mir selbst in den Anforderungen der Kunst genügt habe«, entgegnete ihm der Papst: »Wir aber wollen, daß Ihr uns in dem Verlangen genügt, es schnell vollendet zu haben.« Und schließlich fügte er hinzu, daß, wenn Michelangelo es nicht bald vollende, er ihn vom Gerüst herab werfen lasse. Daraufhin vollendete Michelangelo, der den Zorn des Papstes fürchtete und zu fürchten Grund hatte, das Fehlende sofort und ohne Verzögerung, brach den Rest des Gerüsts ab und enthüllte am Morgen von Allerheiligen, als der Papst zur Lesung der Messe in die Kapelle ging, sein Werk zur Zufriedenheit der ganzen Stadt.

7. Michelangelo wünschte auf dem trockenen Fresko einiges nachzubessern, wie es die älteren Meister bei den unteren Bildern getan hatten: So wollte er etliche Hintergründe und Gewänder sowie auch Himmelsausschnitte mit Ultramarinblau und an manchen Stellen mit Goldornamenten prächtiger und eindrucksvoller für das Auge gestalten. Und der Papst wünschte, als er hörte, daß dies dem Werke noch fehlte und daß das Werk von jedem Betrachter sehr gerühmt wurde, Michelangelo möge das Fehlende hinzufügen. Da aber Michelangelo das Wiederaufrichten des Gerüstes zu langwierig erschien, blieb das Werk wie es war. Der Papst, der Michelangelo häufig sah, sagte ihm, er möge die Kapelle mit Farben und Gold bereichern, sie habe ein armes Aussehen, und Michelangelo entgegnete ihm vertraulich: »Heiliger Vater, in jenen Zeiten schmückten die Leute sich nicht mit Gold, und die, welche hier gemalt sind, waren niemals besonders reich, sondern heilige Männer, weil sie Reichtümer verachteten.«

8. Michelangelo erhielt als Bezahlung für sein Werk in mehreren Raten dreitausend Scudi, wovon er fünfundzwanzig für Farben auszugeben hatte. Die Arbeit an diesem Werk war für Michelangelo mit größten Unbequemlichkeiten verbunden, denn er mußte immer mit dem Kopf nach oben gewandt arbeiten, wodurch er sich derartig die Augen verdorben hatte, daß er mehrere Monate lang nur von unten nach oben Briefe lesen und Zeichnungen betrachten konnte. Und ich kann davon Zeugnis ablegen, denn ich habe im Palast des Herzogs Cosimo [de' Medici] die Gewölbe von fünf großen Gemächern ausgemalt, und wenn ich mir nicht einen Stuhl hätte anfertigen lassen, auf dem ich während der Arbeit liegend meinen Kopf stützte, so würde ich sie niemals vollendet haben. Die Augen und der Kopf litten dermaßen, daß ich es immer noch fühle, und ich staunte, wie Michelangelo so viel Ungemach hat ertragen können. Aber da er sich jeden Tag stärker in seinem Schaffensdrang angefeuert fühlte und angesichts der erzielten Fortschritte und Verbesserungen verspürte er weder die Anstrengung, noch kümmerte er sich um die Beschwerden.

9. Die Einteilung des Werks ist durch je sechs Konsolen an den Längsseiten und je eine an den Querseiten bestimmt (Abb. 7 und 8). Auf diese malte Michelangelo sechs Ellen hohe Sibyllen und Propheten, im Gewölbespiegel die Erschaffung der Welt bis zur Sündflut und zur Trunkenheit Noahs sowie in den Lünetten alle Vorfahren Jesu Christi. In seiner Einteilung hat er weder ein einheitliches System perspektivischer Verkürzungen verwandt, noch sich auf einen einzigen Betrachterstandpunkt festgelegt. Er paßte die Einteilung eher den Figuren an als umgekehrt die Figuren der Einteilung. Es genügte ihm, nackte und bekleidete Gestalten mit einer Vollkommenheit der Zeichnung auszuführen, wie sie niemand weder früher geschaffen hat, noch künftig schaffen wird; und auch mit Mühe ist dies nachzuahmen kaum möglich. Dieses Werk war *und ist* wahrhaftig die Leuchte unserer Kunst, es hat der Malerei zu viel Nutzen und Zierde gereicht und vermochte Licht in eine Welt zu bringen, die viele hundert Jahre im Dunkeln geblieben war. Und wahrhaftig, kein Maler sorge sich mehr darum, Neuheiten und Erfindungen von Stellungen oder Gewänder an den Figuren sowie neue Arten des Ausdrucks und eine Schrecklichkeit in den verschiedensten Darstellungen zu erschauen, denn all jene Vollkommenheit, die man in diesem meisterlichen Metier erschaffen kann, hat Michelangelo bereits erreicht.

10. Und darüber erstaune noch jetzt jeder, der die Trefflichkeit der Figuren, die Vollkommenheit der Verkürzungen, die höchst erstaunliche Weichheit der Umrisse, ihre Anmut und Lebhaftigkeit, die vortrefflichen Proportionen der schönen Akte wahrzunehmen weiß. Diese stellte er, um die Grenzen und die Vollkommenheit der Kunst zu zeigen, in jedem Alter dar, unterschiedlich im Ausdruck wie in der Gestalt, im Gesicht ebenso wie in den Umrissen, so daß sie mehr Lebendigkeit und Fülle in ihren Gliedern erhalten, was man noch in den schönsten Stellungen der Akte erkennt: Sie sitzen und wenden sich um, und einige halten Girlanden von Eichenlaub und Eicheln –

Sinnbild und Wappen von Papst Julius (Abb. 1 und 3). Diese bedeuten, daß damals zur Zeit seines Pontifikats das Goldene Zeitalter blühte, als nämlich Italien noch nicht wie später unter Elend und Unruhe litt. Zwischen sich halten diese Gestalten Medaillen, auf denen man mit bronzenen und goldenen Farben skizzierte Geschichten aus dem Buch der Könige dargestellt sieht.

11. Um des weiteren die Vollkommenheit der Kunst und die Größe Gottes zu zeigen, malte er in der Scheidung von Licht und Finsternis die Majestät Gottes, die mit ausgebreiteten Armen wie von sich selbst getragen erscheint und Liebe im Verein mit Kunstfertigkeit zeigt (Abb. 1). Im zweiten Bilde malte er mit höchster Urteilskraft und mit Talent, wie Gott Sonne und Mond erschafft, wobei Gott von vielen Engelsknaben getragen wird und aufgrund der perspektivischen Verkürzung seiner Arme und Beine einen gewaltigen Eindruck macht. In demselben Bild malte er Gott, nachdem er die Erde gesegnet und die Tiere erschaffen hatte, als eine perspektivisch verkürzt dargestellte fliegende Gestalt auf das Gewölbe. Und wo auch immer du in der Kapelle hingehst, wendet und dreht sich diese Gestalt stets dorthin mit. Desgleichen geschieht auch im anderen Bild, wo Gott Land und Wasser scheidet – wunderschöne Figuren von intensivem Talent – würdig, allein von den göttlichen Händen Michelangelos geschaffen zu sein. Und so folgt darunter die Erschaffung Adams, wo Gott von einer Gruppe nackter Engel zarten Alters getragen wird, die nicht nur eine Figur, sondern die Last der ganzen Welt zu stützen scheinen (Abb. 2). Dies rührt von der Ehrfurcht gebietenden Majestät Gottes und der Art seiner Bewegung her, mit der er seinen Arm um einige Engelsknaben legt, als ob er sich aufstützte. Und auf der anderen Seite reicht er Adam die rechte Hand – einer Figur, die in ihrer Schönheit, ihrer Haltung und ihren Umrissen so erscheint, als sei sie vom höchsten und ersten Schöpfer erschaffen worden, nicht aber durch den Pinsel und nach der Zeichnung eines solchen Menschen.

12. Gleich nach diesem Bild sieht man wie Gott aus der Rippe Adams unser aller Mutter Eva schafft – zwei nackte Gestalten, die eine fast tot und im Schlummer gefangen, die andere durch den Segen Gottes lebendig und hellwach. Hier lehrt uns der Pinsel dieses talentiertesten Künstlers durchaus den Kontrast zwischen Schlafen und Wachen und wie dagegen – menschlich gesprochen – dauerhaft und unwandelbar die Majestät Gottes erscheint. Danach folgt, wie Adam, verführt von einer Figur halb Weib, halb Schlange, durch den Apfel seinen und unser aller Tod annimmt; und man sieht, wie er und Eva aus dem Paradies verjagt werden. In Gestalt des Engels erscheint hier mit Würde und Hoheit die Vollstreckung des Befehls des zürnenden Herrn, und in der Haltung Adams erscheint das Bedauern über seine Sünde zusammen mit der Furcht vor dem Tod. In ähnlicher Weise erkennt man in der Frau die Scham, die Erbärmlichkeit sowie das Verlangen nach Gnade, denn sie verschränkt die Arme an sich gedrückt, legt die Hände flach gegeneinander, neigt den Hals gegen die Brust und wendet den Kopf dem Engel zu und hat dabei mehr Angst vor der göttlichen Gerechtigkeit als Hoffnung in deren Erbarmen.

13. Nicht minder schön ist das Bild vom Opfer Kains und Abels, wo einige Holz herbei tragen, ein anderer niedergebeugt in das Feuer bläst und ein weiterer dem Opfertier die Kehle durchschneidet – das Ganze hier sicherlich mit nicht geringerer Überlegung und Sorgfalt ausgeführt als all das andere (Abb. 3 und 4). Dieselbe Kunstfertigkeit und Urteilskraft gebrauchte er auch im Bild der Sintflut, wo die Menschen auf verschiedene Weise umkommen und von den Schrecknissen jener Tage verängstigt mit all ihrer Kraft Schutz für ihr Leben suchen. Denn in den Gesichtern dieser Figuren erkennt man, wie das Leben zur Beute des Tode geworden ist, und ebenso Furcht, Schrecken und Verachtung aller Dinge. Bei vielen gewahrt man auch Mitleid, indem sie einander beim Erklimmen einer Felsspitze helfen, unter ihnen einer, der einen Halbtoten umfaßt und sein bestes tut, um ihn zu retten – die Natur könnte es nicht besser darstellen. Nicht schildern läßt sich,

wie gut die Geschichte Noahs dargestellt ist, der, trunken vom Wein und entblößt schlafend, einen Sohn bei sich hat, der ihn verspottet, und zwei andere, die ihn zudecken – ein Bild von unvergleichlicher Kunstfertigkeit, das nur durch Michelangelo selbst übertroffen werden kann.

14. Als hätte der Künstler durch die bisherigen Darstellungen an Mut gewonnen, erhob und offenbarte er sich von neuem mit noch größerer Kraft in der Darstellung der fünf Sibyllen und der sieben Propheten, Gestalten von fünf und mehr Ellen Höhe, deren verschiedene Stellungen, Schönheit der Gewandstoffe und Mannigfaltigkeit der Bekleidung allesamt mit Erfindungsgabe und bewunderungswürdigem Urteilsvermögen erschaffen wurden, so daß sie dem, der ihre Gefühlsbewegungen deutlich erkennt, wie göttlich erscheinen. Man sieht den Jeremias mit gekreuzten Beinen dort sitzen; mit einer Hand am Bart, den Ellenbogen auf das Knie gestützt, läßt er die andere Hand im Schoße ruhen und beugt das Haupt in einer Weise, daß man sehr wohl Schwermut und Sorgen, Gedanken und Nachsinnen, Grübeln und Bitterkeit darin erkennt, die sein Volk in ihm erweckte. Ähnliches gilt sowohl für zwei Engelsknaben hinter ihm als auch für die vor ihm [Jeremias] zur Tür hin dargestellte [persische] Sibylle, in der Michelangelo das Alter ausdrücken wollte (Abb. 9): Sie ist dick in ihre Gewänder eingehüllt, was auf ihr im Laufe der Zeit erkaltetes Blut hinweist, und sie hält das Buch aufgrund ihrer bereits geschwächten Sehkraft dicht vor die Augen. Danach folgt der alte Prophet Hesekiel, eine Figur schönster Anmut und Bewegtheit, die in viele Gewänder gekleidet ist und in der einen Hand eine Schriftrolle mit Weissagungen hält, während seine erhobene andere Hand und sein gewendetes Haupt andeuten, daß er hohe und großartige Dinge zu sagen gedenkt. Zwei Engelsknaben hinter ihm tragen seine Bücher. Ihm folgt eine Sibylle [d. i. die erythräische], die das Gegenstück zu der eryträischen [richtig: persischen] bildet, von der wir oben sprachen, denn sie hält das Buch weit von sich weg und versucht eine Seite umzublättern,

während sie mit übereinander geschlagenen Beinen sehr ernsthaft darüber nachdenkt, was sie niederschreiben soll. Ein Engelsknabe schließlich bläst in ein Feuer, um ihr die Leuchte daran anzuzünden. Wegen ihres Gesichtsausdrucks sowie aufgrund der Anordnung ihres Kopfschmucks und ihrer Gewänder ist diese Gestalt von außerordentlicher Schönheit; hinzu kommen ihre bloßen Arme, schön wie alles übrige. Nach dieser Sibylle folgt der Prophet Joel, der in sich versunken ein Blatt hält und mit aller Aufmerksamkeit und Ergriffenheit darin liest (Abb. 11). Man erkennt in seinem Antlitz, wie er sich derartig an dem freut, was er geschrieben findet, daß er einem lebendigen Menschen gleicht, der seine Gedanken konzentriert auf eine bestimmte Sache richtet.

15. In ähnlicher Weise malte er oberhalb der Kapellentür den alten Zacharias, der in einem geschriebenen Buch nach etwas sucht, das er nicht findet. Das eine Bein erhoben, das andere gesenkt, bemerkt er doch im Eifer seines vergeblichen Suchens gar nicht die Unbequemlichkeit seiner Körperhaltung. Allein schon aufgrund ihres Alters hat diese Figur das allerschönste Aussehen; sie ist etwas füllig und hat ein Gewand mit nur wenigen Falten, das ebenfalls sehr schön ist. Außerdem befindet sich dort auf der anderen Seite eine weitere [d. i. die delphische] Sibylle, dem Altar zugewandt, die einige Schriften zeigt und zusammen mit ihren Engelsknaben nicht minder lobenswert ist als die übrigen Gestalten. Und dann betrachte man dahinter den Propheten Jesaia, der zutiefst in Gedanken versunken mit überkreuzten Beinen dasitzt und zum Zeichen, wo er gelesen hat, eine Hand in sein Buch legt (Abb. 12). Er stützt den Ellenbogen des anderen Armes auf das Buch, die Wange auf die Hand und wendet, von einem der hinter ihm stehenden Engelsknaben gerufen, nur den Kopf zurück, ohne sich anderweitig ablenken zu lassen. Man schaue sich diese von der Natur selbst, der wahren Mutter der Kunst genommenen Gesichtszüge an, man sehe die Figur, die einem guten Maler durch gründliches Studium alle Regeln umfassend lehren kann. Nach diesem Propheten folgt eine

alte, sehr schöne [cumäische] Sibylle, die sitzend mit höchster Anmut in einem Buche liest und von zwei Engelsknaben in nicht weniger schönen Stellungen umgeben ist.

16. Es ist undenkbar sich vorzustellen, daß man der Vortrefflichkeit jener Figur eines Jünglings etwas hinzufügen könnte, die den Propheten Daniel darstellt. Dieser schreibt in ein großes Buch, entnimmt Einiges aus anderen Schriften und kopiert es mit unglaublichem Eifer. Und zur Stütze für das Gewicht des Buches setzte Michelangelo ihm einen Engelsknaben zwischen die Beine, der es während des Schreibens hält. Niemals wird sich ein Malerpinsel hiermit vergleichen können, von welcher Hand er auch geführt werde. Dasselbe gilt für die wunderschöne Gestalt der libyschen Sibylle, die, nachdem sie einen dicken Band aus vielen Büchern kompiliert hat, soeben nach Art der Frauen aufstehen will und hierbei gleichzeitig sowohl das Aufstehen als auch das Schließen des Buches demonstriert – eine sehr schwierige, um nicht zu sagen unmögliche Sache für jeden anderen als für den Meister dieses Werkes.

17. Was aber kann man von den vier Eckbildern in den Gewölbezwikkeln sagen? Im ersten Bild durchtrennt David mit jener knabenhaften Kraft, die sich beim Sieg über einen Giganten entfaltet, den Hals des Riesen – zur Verwunderung einiger im Lager herumstehender Soldaten (Abb. 13). Und ebenso bewundert man die wunderschönen Stellungen, die er auf der anderen Seite in der Geschichte der Judith malte (Abb. 14). Hier scheint der Rumpf des Holofernes wieder zu erwachen, obschon er seines Kopfes beraubt ist, während Judith das tote Haupt in einen Korb legt, den eine alte Dienerin auf dem Kopfe trägt. Diese Dienerin, von hohem Wuchs, beugt sich hernieder, damit Judith den Kopf wohl verstauen kann. Und während Judith, die mit den Händen die Last zu stützen und den Kopf zu verbergen sucht, sich nach dem Rumpf umsieht – der, obschon tot, ein Bein und einen Arm aufhebt und damit im Zelt ein Geräusch verursacht –, zeigt sich

in ihren Gesichtszügen Bangigkeit vor dem Lager und Furcht vor dem Toten; ein wahrlich sehr lobenswertes Bild. Doch schöner und göttlicher als dies und alle übrigen Darstellungen ist das Bild mit den Schlangen des Moses, das sich in der Ecke links oberhalb des Altares befindet (Abb. 15). Denn in ihm sieht man die tödliche Verheerung, die das Niederregnen der Schlangen, ihr Stechen und Beißen anrichtet, und hier erscheint jene bronzene Schlange, welche Moses auf einem Stab aufrichtete. In dieser Geschichte sieht man lebhaft die verschiedenen Todesarten derer, die, von den Bissen der Schlangen verwundet, nichts mehr zu hoffen haben, und man sieht, wie das fürchterliche Gift unzählige unter Krämpfen und in Angst sterben läßt; wie einige mit steifen Beinen und verdrehten Armen in ihrer Stellung beharren, ohne sich weiter bewegen zu können; wie die wunderschönen Köpfe schreiend und verdreht ihre Verzweiflung kundtun. Nicht minder schön sind die Figuren, die die Schlange des Moses mit größter Hingabe anschauen und bei deren Anblick eine Linderung des Schmerzes und eine Wiederkehr der Lebensgeister spüren. Darunter gewahrt man eine Frau, die in solcher Weise von einem Mann gestützt wird, daß man darin sowohl seine Hilfe als auch ihr Bedürfnis danach in ihrem Zustand von Angst und Pein erkennt. Ebenso finden sich schöne Gestalten in dem Bild, wo Ahasver im Bett liegt und in seiner Chronik liest (Abb. 16). Sehr schöne Figuren sind da, unter anderem drei Gestalten, die an einer Tafel essen und die Versammlung darstellen, die abgehalten wurde, um das Volk der Hebräer zu befreien und Haman zu henken. Dessen Figur hat Michelangelo in außerordentlicher perspektivischer Verkürzung ausgeführt, denn der Baumstamm, der ihn hält, und sein vorgestreckter Arm erscheinen nicht wie gemalt, sondern lebensecht und plastisch aus dem Bild herauszuragen. Dasselbe gilt von jenem nach vorn weisenden Bein und von den anderen Teilen des Körpers, die nach innen gewand sind. Unter schönen und schwierigen Figuren ist sie sicherlich die schönste und schwierigste. Es wäre zu langwierig, wollte man alle die schönen phantastischen Erfindungen in ihren unterschiedlichen Aktionen schildern, wie etwa die ganze Genealogie der Vorväter, beginnend mit den Söhnen Noahs bis hin zur Geschlechterfolge Christi. Unsagbar ist die Verschiedenheit der Figuren in den Gewändern und im Ausdruck ihrer Köpfe, unendlich in ihren neuen und außergewöhnlichen Einfällen und mit allerschönsten Überlegungen versehen. Da wurde nicht eine Sache ohne Talent ausgeführt, alle Figuren sind mit sehr schöner perspektivischer Verkürzung kunstvoll gezeichnet, und all das, was man bewundert, ist äußerst lobenswert und göttlich.

18. Wer aber ist nicht vor Staunen erschüttert, wenn er die Schrecklichkeit des Jonas sieht, der letzten Figur in der Kapelle (Abb. 17). Durch die Macht der Kunst scheint hier die Wölbung, die sich natürlicherweise der Krümmung des Mauerwerks folgend nach vorne neigt, eben zu verlaufen, da jene Gestalt des Jonas sich rückwärts biegt und sie so zurückschiebt. Von der Kunst der Zeichnung sowie durch Licht und Schatten getäuscht, glaubt man, daß die Wölbung sich wirklich nach hinten neige. Ein wahrhaft glückliches Zeitalter ist das unsere, oh glückselige Künstler, daß es euch vergönnt ist, in unseren Tagen aus so klarem Quell die Helligkeit für das trübe Licht eurer Augen zu schöpfen, und daß Ihr durch einen so bewunderungswürdigen und einzigartigen Künstler alle Hindernisse auf eurem Weg beseitigt seht. Wahrhaft, der Ruhm seiner Mühen macht auch euch bekannt und geschätzt, denn er hat jene Binde von den Augen eures mit Dunkelheit erfüllten Geistes genommen und euch das Wahre vom Falschen zu unterscheiden gelehrt, das euren Verstand verfinsterte! Danket daher dem Himmel dafür und versucht Michelangelo in allen Dingen nachzuahmen.

19. Als sein Werk enthüllt wurde, sah man alle Welt von überall her herbeiströmen, und es ließ alle Leute in höchster Verwunderung verstummen. Daraufhin belohnte der Papst, der sich hiervon erhoben fühlte und zu größeren Unternehmungen ermutigt, Michelangelo großzügig mit Geld und üppigen Geschenken. *Angesichts der so großen*

Gunstbezeugungen sagte Michelangelo bisweilen, daß der Papst seine Kunstfertigkeit sehr hoch einschätze, und auch wenn er ihm als Zeichen seiner Zuneigung hin und wieder eine Grobheit zufüge, so suche er es durch Geschenke und hervorragende Gunstbezeugungen wieder gut zu machen. So sprach der Papst, als Michelangelo einmal um Urlaub für eine Reise zum Johannesfest nach Florenz ersuchte und ihn dafür um Geld bat: »Gut, doch wann wird meine Kapelle vollendet sein?« – »Sobald ich kann, Heiliger Vater!« Da schlug der Papst ihn mit einem Stock, den er in der Hand hielt, und sagte: »Sobald ich kann! Sobald ich kann! Ich werde dich dazu bringen, sie fertig zu machen.« Als Michelangelo jedoch nach Hause zurückging, um sich für die Reise nach Florenz bereit zu machen, schickte der Papst ihm zu seiner Besänftigung unverzüglich seinen Kämmerer Cursio mit fünfhundert Scudi, da er fürchtete, Michelangelo wäre ihm nicht zu willen, wobei Cursio den Papst entschuldigte: dies alles seien Gnadenbeweise und Liebeszeichen gewesen. Und Michelangelo lachte darüber, denn er kannte den Charakter des Papstes und gewann ihn am Ende lieb, weil er sah, daß schließlich alles zu seinen Gunsten und seinem Nutzen ausging und daß der Papst alles aufbot, sich ihn als Freund zu erhalten.

Editorische Anmerkung: Die italienischen Texte folgen in Orthographie und Interpunktion der im 19. Jahrhundert modernisierten Form und in den meisten Fällen den von Karl Frey (1887) artikulierten editorischen Richtlinien. Im Falle der Michelangelo-Vita Vasaris liegen die Textgestalt Gaetano Milanesis (Vasari, 1906, VII, S. 172–187) und einige Korrekturen Paola Barocchis (1962, II, S. 35–53) zugrunde, im Falle Condivis der Text Freys (1887, S. 82–116, 194–196) und Korrekturen Giovanni Nencionis (Condivi, 1998, S. 29–36, 58). Bei der Übersetzung Condivis habe ich mich bisweilen an der sehr genauen Übertragung von Rudolph Valdek orientiert und im Falle Vasaris an der von Ludwig Schorn und Ernst Förster edierten Variante Adeline Seebecks (vgl. Vasari/Kanz, 1996, S. 306). Es wurde versucht, Vasaris Vorliebe für den Superlativ auch in der deutschen Übertragung beizubehalten. Gelegentlich habe ich in beiden Texten die Personalpronomina durch die Personennamen selbst ersetzt, wenn es für ein besseres Verständnis notwen-

dig erschien. Ebenso habe ich die oft elliptische Ausdrucksweise Condivis bisweilen um die fehlenden Prädikate ergänzt.
Die von Vasari in seine Viten-Edition von 1568 neu eingefügten, zumeist von Condivi übernommenen Textabschnitte sind durch Kursivschrift gekennzeichnet.

V. Appendix I

Piero Rosselli* in Rom an Michelangelo in Florenz, Brief vom 10. Mai 1506 (Carteggio, I, S. 16, Nr. X; Interpunktion nach Robertson, 1986; dessen kontroverse Deutung wird inzwischen von Cast, 1991 [S. 679], Weil Garris Brandt, 1992 [S. 82], und Elam, 1998 [S. XXXVIII], akzeptiert).

A nome di Dio. A dì 10 di Maggio 1506. Charisimo in luogo di fratelo, dopo le salute e racomandazione avisoti chome sabato sera, cienando e' Papa, mostra'li cierti disegni avemo a cimentarli Bramante e io. Cenato che ebe e' Papa, io li avevo mostri; lui mandò per Bramante e diseli: »E' Sangalo va domatina a Firenze e rimenerà in sue Michelagnolo« Rispose Bramante a' Papa e dise: »Santo Padre, e'no' sarà nula, perchè io òne praticho Michelagnolo asai e àmi deto piue e piue vote none volere atendere a la capela«, e che voi li volevi dare cotesto caricho; e che per tanto voi no' volevi atendere se none a la sipultura e none a la pitura. E dise: »Padre Santo, io credo che lui no' li basti el animo, perché lui non à fato tropo di figure, e masimo le figure sono alte e in iscorcio ed ène atra cosa che a dipignere in tera,« Alora rispose e' Papa e dise: »Se lui no' viene, e' mi fa torto; per che io credo tornerà a ogni modo.« Alota io mi iscopersi e disili una vilania grandissima, presente de' Papa, e disili quelo credo aresti deto voi per me; e per tanto non sepe quelo si rispondere e parveli avere mal deto. E disi piue oltre: »Santo Padre, lui non parlò mai a Michelagnolo, e di quelo v'àni deto da ora, se li è vero volio mi moziate e' capo: ché lui no'li parlò mai a Michelagnolo; e credo che lui tornerà a ogni modo quando la vostra Santità vorà.« E qui fini le cose. Altro no' v'ò a dire. Idio di male vi guardi. Se io posso fare nula, datemi aviso, lo farò volentieri. Racomandatemi a Simone de' Polaiuolo*. Per lo vostro Piero Rosselli in Roma. Domino Michelagnolo Bonaroti iscultore in Firenze.

Im Namen Gottes. Am 10. Mai 1506. Mein allerliebster brüderlicher Freund, nach den Wünschen und Empfehlungen berichte ich Dir, daß Bramante und ich dem Papst am Samstag abend, als er zu Abend aß, gewisse Zeichnungen zur Prüfung vorlegten. Nachdem der Papst gegessen hatte und ich sie ihm gezeigt hatte, ließ er Bramante kommen und sagte ihm: »San Gallo geht morgen früh nach Florenz und wird Michelangelo mit zurückbringen.« Bramante antwortete dem Papst und sagte: »Heiliger Vater, dabei wird nichts herauskommen, denn ich habe darüber einiges von ihm erfahren, und er hat mir immer wieder gesagt, daß er sich nicht mit der Kapelle befassen wolle«, und daß Ihr [Michelangelo] ihm [Bramante] diese Aufgabe übertragen wolltet und daß Ihr [Michelangelo] euch nicht der Malerei widmen wolltet, sondern nichts anderem als dem Grabmal. Und er [Bramante] sagte: »Heiliger Vater, ich glaube, ihm fehlt dazu der nötige Mut, denn er hat bisher nicht allzu viele Figuren gemalt, und insbesondere bei Figuren in der Höhe und mit Verkürzung ist es eine andere Sache als zu ebener Erde zu malen.« Daraufhin erwiderte ihm der Papst und sagte: »Wenn er nicht kommt, tut er mir Unrecht, und daher glaube ich, daß er auf jeden Fall zurückkehrt.« Dann aber habe ich mich eingemischt und ihm [Bramante] in Gegenwart des Papstes eine unglaubliche Grobheit gesagt, und ich sagte ihm, das was Ihr [Michelangelo] meiner Meinung nach auch für mich gesagt hättet, so daß er nichts zu erwidern wußte und es ihm schien, etwas schlechtes gesagt zu haben. Und außerdem sagte ich: »Heiliger Vater, er hat noch nie mit Michelangelo gesprochen, und wenn irgend etwas von dem, was er Euch bis jetzt gesagt hat, wahr ist, möchte ich, daß Ihr mir den Kopf abschlagt: er hat niemals mit Michelangelo gesprochen. Und ich glaube, daß er auf jeden Fall zurückkehren wird, wenn Eure Heiligkeit es wünscht.« Und hier endete die Sache. Weiteres habe ich Euch nicht zu sagen. Gott beschütze Euch vor Übel. Falls ich etwas für Euch tun kann, laßt es mich wissen, ich werde es gerne machen. Grüßt Simone del Pollaiuolo* von mir. Euer Piero Rosselli in Rom. An den Herrn Michelangelo, Bildhauer in Florenz.

VI. Appendix 2

Michelangelo in Florenz an Giovan Francesco Fattucci* in Rom, Briefentwurf von Ende Dezember 1523, entstanden anläßlich neuer Kontroversen um die Fertigstellung des Juliusgrabes (Carteggio, III, S. 7–9; Erpel, 1964, S. 76–79).

1. Messer Giovan Francescho, voi mi ricerchate per una vostra chome stanno le chose mia chon papa Iulio; io vi dicho che se potessi domandar danni e interessi, più presto stimerei avere avere che avere a dare. Perché quando mandò per me a Firenze, che credo fussi el sechondo anno del suo pontifichato, io avevo tolto a fare la metà della sala del Chonsiglio di Firenze, cioè a dipigniere, che n'avevo tre mila ducati, e di già era facto el cartone, chome è noto a·ctucto Firenze: che mi parevon mezzi guadagniati. E de' dodici Apostoli che anchora avevo a fare per Santa Maria del Fiore, n'era bozato uno, chome anchora si vede, e di già avevo chondocti la maggior parte d'i marmi. E levandomi papa Iulio di qua, non ebbi, né dell'una cosa né dell'altra, niente. Dipoi, sendo io a·rRoma chon decto papa Iulio, e avendomi allogato la sua sepultura, nella quale andava mille duchati di marmi, me gli fece pagare e mandòmi a Charrara per essi, dov'io stecti octo mesi a fargli bozzare e chondussi quasi tucti in sulla piazza di Santo Pietro, e parte ne rimase a·rRipa. Dipoi, finito di pagare e' noli di decti marmi, e manchandomi e' danari ricievuti per decta opera, forni' la chasa che io avevo in sulla piazza di Santo Pietro di lecti e masseritie del mio, sopra la speranza della sepultura, e fe' venire garzoni da Firenze, che anchora n'è vivi, per lavorare, e decti loro danari inanzi, del mio. In questo tempo papa Iulio si mutò d'oppenione e non la volse più fare, e io, non sapendo questo, andandogli a domandare danari, fui cacciato di chamera, e per questo isdegnio mi parti' subito di Roma; e andò male ciò che io avevo in chasa, e e' decti marmi, che io avevo chon-

docti, stectono insino alla creatione di papa Leone in sulla piazza di Santo Pietro. E dell'una parte e dell'altra n'andò male assai. Fra gli altri, di quel ch'io posso provare, me ne fu tolti dua pezzi di quatro braccia e mezo l'uno da·rRipa, da Aghostina G[h]igi*, che m'eron chosti a me più di cinquanta ducati d'oro: e questi si potrebon risquotere, perché ci è e' testimoni. Ma per tornare a' marmi, dal tempo che io andai per essi e che io stecti a Charrara insino a che io fui chacciato di Palazo, v'andò più d'un anno: del qual tempo non ebbi mai nulla e·mmessivi parechi decine di ducati.

2. Dipoi, la prima volta che papa Iulio andò a Bolognia, mi fu forza andare là cholla choreggia al chollo a chiedergli perdonanza, onde lui mi decte a fare la figura sua di bronzo, che fu alta, a·ssedere, circha a·ssecte braccia, e domandandomi che spesa la sarebbe, io gli risposi che credevo gictarla chon mille duchati, ma che e' non era mia arte e che io non mi volevo obrigare. Mi rispose: »Va', llavora, e·ggichtere(n)la tante volte che la venga, e dare(n)ti tanto che tu sarai contento«. Per abreviare, la si gictò dua volte, e in chapo di du' anni che io vi stecti mi trovai avenzati quatro ducati e mezo. E di questo tempo non ebbi mai altro; e le spese tucte che io feci ne' decti dui anni furno de' mille ducati chon che io avevo dicto che la si gicterebbe, e' quali mi furon pagati im più volte da messere Antonio Maria da·lLegnian[o] bologniese.

3. Messo sù la figura nella facciata di San Petronio e tornato a·rRoma, non volse ancora papa Iulio che io facessi la sepultura a missemi a dipigniere la volta di Sisto, e facemo e'pacti tre mila duchati; e 'l disegnio primo di decta opera furono dodici Apostoli nelle lunecte, e 'l resto un certo partimento ripieno d'adornamenti, chome s'usa. Dipoi, cominciata decta opera, mi parve riuscissi cosa povera, e dissi al Papa chome, facendovi gli Appostoli soli, mi parea che riuscissi cosa povera. Mi domandò perché: io gli dissi: »Perché furon poveri anche loro«. Allora mi decte nuova chommessione che io facessi ciò che io volevo, e che mi chontenterebe, e che io dipigniessi insino alle storie di socto. In questo tempo, quasi finita la volta el Papa ritornò a Bolognia, ond'io v'andai dua volte per danari che io avevo avere, e non feci niente, e

perde' tucto questo tempo finché ritornò a·rRoma. Ritornato a·rRoma mi missi a far chartoni per decta opera, cioè per le teste e per le faccie actorno di decta capella di Sisto, e sperando aver danari e finire l'opera non potecti mai octenere niente; e dolendomi un dì con messer Bernardo da Bibbiena* e chon Actalante*, com'io non potevo più stare a·rRoma e che e' mi bisogniava andar con Dio, messer Bernardo disse a Actalante che gniene ramentassi, che mi voleva far dare danari a ogni modo, e fecemi dare dumila ducati di Chamera, che son quegli, con que' primi mille de' marmi, che e' mi mectono a chonto della sepultura; e io stimavo averne aver più, pel tempo perduto e per l'opere facte. E de' decti danari, avendo messer Bernardo e Actalante risuscitatomi, donai all'uno cento ducati, all'altro cinquanta.
4. Dipoi venne la morte di papa Iulio, e a'tempo nel prencipio di Leone, Aginensis* volendo acresciere la sua sepultura, cioè far maggiore opera che il disegnio che io avevo facto prima, si fece uno chontracto. E non volend'io che e' vi mectessino a chonto della sepultura i decti tre mila ducati che io avevo ricievuti, mostrando che io avevo avere molto più, Aginensis mi disse che io ero un ciurmadore.

1. Herr Giovan Francesco. Ihr fragt in einem Eurer Briefe, wie meine Angelegenheiten mit Papst Julius stehen. Ich sage Euch, könnte ich Schadensersatz und Zinsen verlangen, ich hätte nach meiner Schätzung eher mehr zu fordern als zu geben. Denn als Julius II. nach mir in Florenz schickte, was nach meiner Erinnerung im zweiten Jahr seines Pontifikats war, hatte ich es übernommen, die Hälfte des Ratssaales von Florenz zu machen, das heißt auszumalen, wofür ich dreitausend Dukaten erhalten hätte. Und da der Karton, wie ganz Florenz weiß, bereits fertig war, schien mir das Geld schon halb verdient. Und von den zwölf Aposteln, die ich noch für Santa Maria del Fiore zu machen hatte, war, wie man noch sehen kann, einer schon grob zugehauen. Und ich hatte schon den größeren Teil des Marmors besorgt. Da mich

Papst Julius von hier fort holte, hatte ich weder etwas von der einen noch von der anderen Sache. Dann, als ich bei dem genannten Papst Julius in Rom war und er mir sein Grabmal aufgetragen hatte, auf das allein für tausend Dukaten Marmorblöcke gingen, ließ er mir dieses Geld auszahlen und schickte mich wegen der Blöcke nach Carrara, wo ich acht Monate blieb, um sie grob zuhauen zu lassen. Und ich brachte sie fast alle auf den Platz von St. Peter, und nur ein Teil blieb in Ripa [Hafen in Rom] zurück. Nachdem ich die Fracht für diese Marmorblöcke bezahlt hatte und weil das Geld, das ich für das besagte Werk erhalten hatte, nicht ausreichte, stattete ich das Haus, das ich am Petersplatz hatte, mit Betten und Hausrat aus meinen Mitteln aus, eben in der Hoffnung auf das Grabmal, und ich ließ aus Florenz Gehilfen zur Arbeit kommen, von denen einige noch leben und die ich aus eigener Tasche im voraus entlohnte. In dieser Zeit änderte Papst Julius seine Absicht und wollte das Grabmal nicht mehr machen. Und als ich, der ich davon nichts wußte, zu ihm ging und um Geld bat, wurde ich aus dem Hause gejagt. Aufgrund dieser Schmach verließ ich Rom auf der Stelle, und das, was ich im Hause hatte, ging zugrunde, und die genannten Marmorblöcke, die ich herbeigeschafft hatte, verblieben bis zur Wahl von Papsts Leo auf dem Petersplatz. In jeder Hinsicht ging die Sache schief. Unter anderem, was ich beweisen kann, wurden mir in Ripa von Agostino Chigi* zwei Blöcke weggeschleppt, beide je viereinhalb Ellen hoch, die mich mehr als fünfzig Golddukaten gekostet hatten. Und sie könnten erstattet werden, denn es gab Zeugen dafür. Aber um wieder auf die Blöcke zurückzukommen: von der Zeit an, wo ich um ihretwillen fortging und in Carrara blieb, bis zu jenem Augenblick, wo ich aus dem Palast gejagt wurde, verging mehr als ein Jahr. In dieser Zeit erhielt ich überhaupt nichts, sondern steckte nur viele Dutzend Dukaten hinein.

2. Dann, als Papst Julius zum ersten mal nach Bologna ging, wurde ich gezwungen, dort hinzugehen – mit einem Strick um den Hals, um ihn um Verzeihung zu bitten. Dort trug er mir auf, seine Statue aus Bronze zu machen, sitzend und ungefähr sieben Ellen hoch. Als er

mich fragte, was sie kosten würde, antwortete ich ihm, daß ich glaubte, sie für tausend Dukaten gießen zu können, aber daß dies nicht mein Metier wäre und ich mich nicht verpflichten wolle. Er antwortet mir: »Geh, arbeite und gieße sie so oft, bis sie gelingt, und ich werde dir soviel geben, daß du zufrieden sein wirst.« Um es kurz zu machen, die Figur wurde zweimal gegossen, und nach Ablauf der beiden Jahre, die ich dort weilte, fand ich, daß ich viereinhalb Dukaten herausbekommen hatte. Weiter hatte ich von dieser Zeit nichts. Alle Ausgaben, die mir in den beiden genannten Jahren entstanden sind, wurden von jenen tausend Dukaten beglichen, für die ich die Figur gießen zu lassen zugesagt hatte und die mir in mehreren Raten von Messer Antonio Maria da Legniano aus Bologna ausgezahlt wurden.

3. Nachdem die Figur an der Fassade von San Petronio aufgestellt und ich nach Rom zurückgekehrt war, wollte Papst Julius noch nicht, daß ich an dem Grabmal arbeitete; und er beauftragte mich damit, das Gewölbe von Sixtus auszumalen, und wir schlossen einen Vertrag über dreitausend Dukaten ab. Der erste Entwurf zu dem genannten Werk waren die zwölf Apostel in den Lünetten [eigentlich in den Zwickeln] und im übrigen eine bestimmte Aufteilung mit ornamentgefüllten Feldern in der sonst üblichen Art. Nachdem ich das Werk angefangen hatte, schien es mir ein ärmliches Ding zu werden, und ich sagte zum Papst, daß, wenn man nur die Apostel machen würde, eine ärmliche Sache dabei herauskäme. Er fragte mich, warum: ich sagte ihm: »Weil auch sie arm waren.« Daraufhin gab er mir einen neuen Auftrag, ich könnte so arbeiten, wie ich wolle, er würde mich schon zufriedenstellen, und ich sollte bis zu den unteren Historien malen. In dieser Zeit, als das Gewölbe fast fertig war, kehrte der Papst nach Bologna zurück, und ich ging zweimal dorthin wegen des Geldes, das ich noch zu bekommen hatte, und schuf nichts und verlor diese ganze Zeit, bis ich wieder nach Rom zurückgekehrt war. Wieder in Rom angelangt, machte ich mich daran, die Kartons für das genannte Werk zu zeichnen, das heißt für die Lünetten und Stichkappen der genannten Kapelle von Sixtus, wobei ich hoffte, Geld zu erhalten und das Werk

zu beenden – aber ich konnte überhaupt nichts bekommen, und als ich mich eines Tages bei Messer Bernardo da Bibbiena* und bei Attalante* darüber beklagte, daß ich in nicht länger in Rom bleiben könne und gezwungen sei, mit Gott zu gehen, sagte Messer Bernardo* zu Attalante, er solle ihn daran erinnern, daß er mir auf jeden Fall Geld auszahlen lassen wolle. Er ließ mir zweitausend Kammerdukaten geben, und es sind diejenigen, die man mir mit den ersten Tausend für die Marmorblöcke auf das Konto des Grabmals setzt. Und ich glaubte, ich hätte sie mehr für die verlorene Zeit als für die getane Arbeit erhalten. Da mir Messer Bernardo und Attalante wieder neuen Mut gemacht hatten, schenkte ich von dem besagten Geld dem einen hundert und dem anderen fünfzig Dukaten.
4. Dann kam der Tod von Papst Julius. Und zu Anfang der Zeit Leos, als Aginensis* dessen [d.i. Julius'] Grabmal vergrößern, das heißt also das Werk über meine erste Zeichnung hinaus erweitern wollte, machte man einen Vertrag. Und weil ich nicht wollte, daß die dreitausend Dukaten, die ich erhalten hatte, auf das Konto des Grabmals gesetzt würden, und weil ich ihm zeigte, daß ich viel mehr zu bekommen hatte, sagte Aginensis zu mir, ich sei ein Schwindler.

* Erläuterungen: Piero Rosselli war u.a. Aufseher der Arbeiten in der Sixtinischen Kapelle und, ebenso wie sein Schwager Simone del Pollaiuolo (genannt Cronaca), ein Freund Michelangelos. Agostino Chigi war ein aus Siena stammender Bankier (auch für die Päpste tätig), Giovan Francesco Fattucci ein langjähriger Vertrauter und Briefpartner Michelangelos, der Kardinal Aginensis (Lionardo Grosso della Rovere) ein Neffe Julius II. und dessen Testamentsvollstrecker in Belangen des Juliusgrabes, Bernardo da Bibbiena ein hoher Funktionär im Vatikan, Attalante ein Bauaufseher der Arbeiten in St. Peter.

VII. Appendix 3

Paolo Giovio, Michaelis Angeli Vita, um 1527
(Text und Übersetzung nach Steinmann, 1930, S. 77–78)

1. In pictura pariter, scalpendoque marmore, Michael Angelus Bonarota Etruscus priscorum artificum dignitati proximus accessit, adeo aequabili fama judicioque omnium, ut utriusque artis viri insignes meritam ei palmam ingenua confessione detulerint. In Vaticano Xistini sacelli cameram a Julio secundo ingenti pecunia assitus, immenso opere brevi perfecto, absolutae artis testimonium deposuit. Quum resupinus, uti necesse erat, pingeret, aliqua in abscessus et sinus refugiente sensim lumine condidit, ut Olophernis truncum in conopeo, in aliquibus autem, sicuti in Hamano cruci affixo, lucem ipsam exprimentibus umbris adeo feliciter protulit, ut repraesentata corporum veritate, ingeniosi etiam artifices, quae plana essent, veluti solida mirarentur. Videre est inter praecipuas virorum imagines media in testudine simulachrum volantis in coelum senis, tanta symmetria delineatum, ut si e diversis sacelli partibus spectetur, convolvi semper, gestumque mutare deceptis oculis videatur.
2. Contingit ei porro laus eximia altera in arte, quum forte marmoreum fecisset Cupidinem, eumque defossum aliquandiu ac postea erutum, ut ex concepto situ minutisque injuriis ultro inflictis, antiquitatem mentiretur, insigni pretio per alium Riario Cardinali vendidissent. Feliciore quoque industria Gigantem funda minantem e janensi marmore absolvit, qui Florentiae in vestibulo curiae conspicitur.
3. Locatum est ei demum Julii Pontificis sepulchrum, acceptisque multis millibus aureis, aliquot ejus operis statuas praegrandes fecit, quae adeo probantur, ut nemo secundum veteres eo doctius atque celerius marmora scalpsisse, nemo commensuratius atque venustius pinxisse censeatur. Caeterum tanti ingenii vir natura adeo agrestis ac ferus

extitit, ut supra incredibiles domesticae vitae sordes successores in arte posteris inviderit. Nam vel obsecratus a Principibus numquam adduci potuit, ut quemquam doceret, vel gratia spectandi saltem in officinam admitteret.

1. In der Malerei ebenso wie in der Bearbeitung des Marmors kam Michelangelo Buonarroti aus der Toskana dem Ruhm der antiken Künstler am nächsten und zwar nach der übereinstimmenden Meinung und dem Urteil aller derartig, daß in beiden Künsten ausgezeichnete Männer ihm die verdiente Palme mit offener Anerkennung reichten. Von Julius II. mit beträchtlichen Geldsummen für das Gewölbe der Sixtinischen Kapelle im Vatikan herbeigerufen, legte er ein Zeugnis seiner vollkommenen Kunst ab, indem er das ungeheure Werk in kurzer Zeit vollbrachte. Während er auf dem Rücken liegend malte, wie es erforderlich war, verbarg er einiges in die Winkel und Bogenfelder, wo das Licht merklich nachläßt, wie den Körperstumpf des Holofernes im Himmelbett, bei einigen anderen aber, wie etwa bei dem gekreuzigten Haman, verstärkte er gerade das Licht durch hervorhebende Schatten so glücklich, daß vor der Wahrheit der Körperdarstellung sogar talentvolle Künstler das, was flach war, gleichsam als körperlich-plastisch bewunderten. Unter den hervorragendsten Darstellungen von Männern mitten auf der Wölbung ist das Bild eines in den Himmel fliegenden Greises zu sehen, mit so viel Symmetrie gezeichnet, daß er für unser irregeführtes Auge sich immer weiter zu drehen und seine Haltung zu verändern scheint, wenn man ihn aus den verschiedenen Teilen der Kapelle betrachtet.
2. Es wurde ihm ferner hohes Lob in der anderen Kunst zuteil, als er einmal einen marmornen Cupido gefertigt, ihn eine Weile vergraben und später wieder herausgeholt hatte und ihn, um nach dem erdachten Fundort und nach kleinen, absichtlich zugefügten Beschädigungen eine Antike vorzutäuschen, für einen beträchtlichen Preis durch einen anderen an den Kardinal Riario verkauft hatte. In noch glücklicherer

Arbeit vollendete er aus janensischen Marmor einen Giganten, der mit der Schleuder droht und den man zu Florenz im Vestibül des Palazzo Vecchio erblickt.
3. Endlich wurde ihm das Grabmal des Papstes Julius in Auftrag gegeben, und nachdem er viele tausend Golddukaten dafür empfangen hatte, schuf er einige überlebensgroße Statuen für dieses Werk, die man so schön findet, daß man der Ansicht ist, niemand habe seit den Alten erfahrener und schneller als er den Marmor bearbeitet, niemand harmonischer angemessener und schöner gemalt. Im übrigen war der Mann mit seiner Begabung von Natur aus so rauh und schroff, daß er, abgesehen von dem unglaublichen Schmutz seines häuslichen Lebens, der Nachwelt Nachfolger in seiner Kunst nicht gönnte. Denn obgleich er von den Fürsten beschworen wurde, konnte er niemals dazu gebracht werden, jemanden in die Lehre zu nehmen oder wenigstens zum Zuschauen in seine Werkstatt einzulassen.

VIII. Essay: Vasari, Condivi und Michelangelos Sixtinische Decke: Passion und Triumph des Ausdruckskünstlers

Er sei »einsam wie ein Henker«, soll Raffael aus Urbino (1483–1520) einmal über Michelangelo Buonarroti (1475–1564) gesagt haben. Michelangelo hingegen hatte dem jüngeren Kollegen seine Unzahl von Freunden und Schülern vorgeworfen, er sei »umringt wie ein Häscher«.[1] Wahrscheinlich entspricht diese von Gian Paolo Lomazzo kolportierte Geschichte nicht ganz den Tatsachen, doch sie belegt einen Konflikt zwischen den beiden Protagonisten der Hochrenaissance, der als Topos in die Kunstliteratur eingegangen ist und sich bis heute ungebrochener Beliebtheit erfreut. Im Zusammenhang der Rivalität zwischen Raffael und Michelangelo soll auch der ebenfalls aus Urbino stammende Donato Bramante (1444–1514) eine Rolle gespielt haben und der Ausgangspunkt des Konflikts die Freskierung der Sixtinischen Decke unter Papst Julius II. gewesen sein. Tatsächlich ranken sich um den Auftrag für das monumentale Gemälde Anekdoten über Feindseligkeiten zwischen den beiden Künstlern, die kaum weniger als die Fresken selbst zu ihrem Ruhm beigetragen haben. Die erste ausführliche und bereits um anekdotische Details bereicherte Würdigung des Werks und seiner Begleitumstände verdanken wir den 1550 erschienenen *Lebensbeschreibungen der berühmtesten Architekten, Maler und Bildhauer* Giorgio Vasaris (1511–1574) – den sogenannten Viten. Nur wenig später, im Jahr 1568, veröffentlichte Vasari eine erheblich erweiterte zweite Fassung seiner Sammlung von Künstlerbiographien. In der zweiten Auflage seiner Viten ergänzte Vasari den Bericht über die Sixtinische Decke um Informationen aus einer 1553 publizierten Biographie, die Michelangelo selbst initiiert, sein Schüler Ascanio Condivi (ca. 1525–1574) verfaßt und sein Freund Annibale Caro

1 Lomazzo, 1974, I, S. 291 (d.i. Idea del tempio della pittura, 1590, Kap. 17); Steinmann, 1930, S. 9.

(1507–1566) redigiert hatte. Ziel dieser im Kern als Autobiographie Michelangelos zu lesenden Schrift Condivis war, wichtige Ereignisse aus dem Leben des Künstlers nachzutragen und die von anderen (vor allem von Vasari) in die Welt gesetzten Irrtümer richtig zu stellen.[2] Für korrekturbedürftig hielt Michelangelo und mit ihm auch sein »Sprachrohr« Condivi beispielsweise die Angaben über das Grabmalsprojekt für Julius II. Der Papst hatte das Grabmal bereits im Jahre 1505 bei Michelangelo bestellt, doch vermochte der Künstler das monumentale Werk erst 1545 in stark reduzierter Form und nach der Überwindung unzähliger Schwierigkeiten zu vollenden.[3] Vor allem diesen Bericht ergänzte Condivi um wesentliche Teile. Außerdem steuerte er in dem entsprechenden Abschnitt seiner Michelangelo-Vita eine völlig neue und bei Lichte besehen überraschende Begründung für die Freskierung der Sixtinischen Decke bei, die schon Benedetto Varchi[4] in seiner Leichenrede auf Michelangelo im Jahre 1564 als Selbstverständlichkeit hinstellte und die auch Vasari in der zweiten Ausgabe seiner Viten übernahm: Der Auftrag für die Fresken der Sixtinischen Kapelle resultiere aus einer von Bramante und Raffael gesponnenen Intrige gegen Michelangelo. Die bis dahin bedeutendste Freskierung eines Sakralraums würde ihre Entstehung demnach einer Rivalität zwischen den Künstlern am päpstlichen Hof in Rom verdanken.

Selbst offensichtliche Unstimmigkeiten in den Berichten Condivis und Vasaris haben nicht verhindern können, daß der Antagonismus zwischen Michelangelo und seinen beiden Kollegen zum prominentesten Künstlerkonflikt der neueren Kunstgeschichte avancierte. Die erhaltenen Quellen erlauben es allerdings, Michelangelos Rolle und die seiner Biographen in dieser Angelegenheit kritisch zu hinterfragen. Bei den hierfür relevanten Texten handelt es sich um die entsprechenden Abschnitte aus den Viten Condivis und Vasaris, die oben im ita-

2 Frey, 1887, S. XXIV–XXVI; Procacci, 1964; Echinger-Maurach, 1991, S. 7–15; Hirst, 1996 und 1998; Condivi, 1998, S. 3 und 5; Elam, 1998.

3 Echinger-Maurach, 1991; Satzinger, 2001.

4 Zit. von Ilg in Condivi, 1874, S. 113.

lienischen Original und in einer neuen Übersetzung abgedruckt sind (Abschnitt I–IV). In einem Anhang folgen, ebenfalls im Original und in einer Übersetzung, ein Schreiben Piero Rossellis vom 10. Mai 1506 (Appendix 1) und ein Brief Michelangelos an seinen langjährigen Vertrauten Giovan Francesco Fattucci vom Dezember 1523 (Appendix 2). Die beiden Briefe enthalten Nachrichten, die sich teilweise bei Vasari (§ 1–3, 7) wiederfinden, und sie verdeutlichen, wie eng die Freskierung der Sixtina und deren Rezeptionsgeschichte mit den Problemen bei der Vollendung des Juliusgrabes zusammenhingen, dessen Verfertigung der eigentliche Grund für Michelangelos Berufung nach Rom war. In einem weiteren Anhang habe ich die um 1527 entstandene Michelangelo-Biographie Paolo Giovios beigegeben, da sie eine interessante Beschreibung der Sixtinischen Decke enthält und im Gegensatz zu den später entstandenen Texten Vasaris und Condivis noch nicht durch eine einseitige Parteinahme für Michelangelo geprägt ist (Appendix 3). Zur Sprache kommen außerdem weitere Beispiele aus der Korrespondenz Michelangelos und die Bemerkungen des Florentiner Bildhauers Benvenuto Cellini über das Verhältnis zwischen Michelangelo und seinem Rivalen Bramante sowie einige Briefe des Literaten Pietro Aretino, die eine gewisse Rolle im Zusammenhang der Bemühungen Michelangelos um eine wirksame Selbstdarstellung spielten. Das vorliegende Buch präsentiert somit Beispiele aus unterschiedlichen Quellengattungen, deren Zuverlässigkeit und Informationsgehalt analysiert werden. Ausgehend von dieser Analyse folgt eine radikal neue Einschätzung der Konflikte Michelangelos mit seinen Künstlerkollegen sowie abschließend eine Auseinandersetzung mit dem modernen Ausdruckskünstler, mit einem Künstlertypus also, der, wie Michelangelo, die psychische Befindlichkeit seiner eigenen, leidenden Person zum Gegenstand seiner Kunst machte und mit Hilfe seiner Biographen sowohl in die Rolle des Märtyrers als auch in die des Erlösers schlüpfte.

Mit Julius II. della Rovere war im Jahre 1503 ein ebenso machtbewußter wie kunstsinniger Mann zum Stellvertreter Christi auf Erden gewählt worden. Zu den Kunstaufträgen des Papstes zählte neben dem am 18. April 1506 begonnenen Neubau von St. Peter der im Jahr zuvor gefaßte Plan, sein eigenes Grabmal im erweiterten Chor derselben Kirche durch Michelangelo errichten zu lassen. Außerdem sind die von Michelangelo zwischen November 1506 und Februar 1508 geschaffene Bronzestatue Julius II. in Bologna sowie die erstmalig im Mai 1506 vom Papst erwogene (Appendix 1), dann aber erst im Mai 1508 begonnene und im Herbst 1512 endgültig abgeschlossene Ausmalung des Gewölbes der Sixtinischen Kapelle zu nennen. Zahlreiche weitere Aufträge, besonders an Raffael und dessen Werkstatt, folgten bis zum Tod des Papstes im Jahre 1513.

Das erste, wohl im Frühjahr 1508 entwickelte Projekt Michelangelos für die Freskierung der Sixtinischen Decke kennen wir aus zwei seiner Zeichnungen und aus dem eingangs genannten Brief an Giovan Francesco Fattucci (Appendix 2, §3). Der noch bescheidene und nicht zur Ausführung gelangte Entwurf stand formal in der Tradition damals favorisierter Dekorationssysteme und sah die Darstellung der zwölf Apostel in den Gewölbeflächen zwischen den Stichkappen vor.[5] Diese Ausmalung hätte in schlichter Weise die Fresken ergänzt, die der Erbauer der Sixtinischen Kapelle und Onkel Julius' II., Papst Sixtus IV., dort auf der Wand unterhalb der Fenster 1481 bis 1482 hatte ausführen lassen: ein Zyklus mit der Mosesgeschichte aus dem Alten Testament auf der südlichen Seite des Raumes und eine weitere Bilderreihe mit Episoden aus dem Leben Christi ihnen gegenüber. Oberhalb dieser beiden erzählenden Bildfolgen sind auf Höhe der Fenster in fingierten Nischen Einzelfiguren mit Porträts der ersten frühchristlichen Päpste dargestellt. Ergänzt wurden die älteren Geschichten ursprünglich

5 Sandström, 1963; Weil Garris Brandt, 1992; Fastenrath, 2000.

durch weitere Bilder auf der Altarwand, die heute nicht mehr erhalten sind, weil sie Michelangelos Fresko des »Jüngsten Gerichts« weichen mußten: im unteren Bereich ein von Pietro Perugino geschaffenes Altarbild mit der Himmelfahrt Mariens sowie darüber die »Auffindung des Moses« und die »Geburt Christi«. In den fingierten Nischen oberhalb dieser Fresken waren wahrscheinlich Christus, die Apostelfürsten Petrus und Paulus sowie die frühchristlichen Päpste Linus und Cletis dargestellt (die Lünetten darüber zeigten Patriarchen des Alten Testaments; siehe unten).[6] Auch sie fielen dem »Jüngsten Gericht« Michelangelos zum Opfer. Die von Julius II. im Frühjahr 1508 für die Bemalung der Decke vorgesehenen 12 Apostel hätten also nahtlos an das ältere, heute nur lückenhaft erhaltene Bildprogramm angeschlossen, da die Apostel als Nachfolger Christi und zugleich als Vorgänger des Papstes galten.

Wie wir aus dem bereits erwähnten Brief von Dezember 1523 wissen (Appendix 2), wurde der ursprüngliche Plan für die Bemalung des Gewölbes aufgrund einer Anregung des Künstlers schon bald abgeändert: Er, Michelangelo habe dem Papst erklärt, daß die Freskierung der Decke mit 12 Aposteln eine ärmliche Angelegenheit werden würde, denn die Apostel selbst seien arm gewesen. Daraufhin habe der Papst ihm einen neuen Auftrag erteilt und bei dessen Ausführung völlige Gestaltungsfreiheit gewährt. Daß dem damals erst 33jährigen Künstler freie Hand in der Palastkapelle des Papstes gelassen wurde, ist nicht sehr wahrscheinlich, doch im Kern mag die Behauptung Michelangelos ein Fünkchen Wahrheit enthalten. Vermutlich entwickelte der Papst oder ein Berater ein Schema, das in sinnvoller Weise das bereits bestehende Programm ergänzte und in den Details von Michelangelo mehr oder weniger frei ausgestaltet werden konnte. Als Thema hierfür bot sich die Schöpfungsgeschichte des Alten Testaments an, da sie heilsgeschichtlich gesehen das »tempus ante legem« (die Zeit vor dem Gesetz) repräsentiert. Mit der Darstellung dieses ersten Zeit-

6 Wilde, 1958, S. 70; Roettgen, 1997, I, S. 82–100.

abschnitts der Heilsgeschichte ergänzte Michelangelos Fresko die Bilder des Quattrocento, die mit dem Moseszyklus auf der Südwand das »tempus sub lege« (die Zeit unter dem Gesetz) und mit der Geschichte auf der gegenüberliegenden Seite das »tempus sub gratia« (die Zeit unter der Gnade) thematisieren.

Formal knüpfte Michelangelo mit seinem Entwurf an die durch Stichkappen über den Fenstern bestimmte Unterteilung der unteren Gewölbezone an. Ausgehend von dieser Struktur entwarf er eine Scheinarchitektur, deren fingierte Gurtbögen und umlaufendes Gesims die neun querrechteckigen Bildfelder des Gewölbespiegels rahmen (Abb. 1–3, 8). Auf diese Bildfelder verteilen sich die Episoden aus der Schöpfungsgeschichte bis hin zur Trunkenheit Noahs (Abb. 1–3 und 7–8), wobei fünf von ihnen jeweils links und rechts von einem Medaillon mit Geschichten der Makkabäer flankiert werden. Ebenfalls alttestamentliche Themen weisen die vier Gewölbezwickel an den Ecken des Raumes auf, die in erster Linie die Errettung des jüdischen Volkes von verschiedenen Bedrohungen zum Gegenstand haben. Zwischen den Stichkappen der beiden Langseiten und den Eckzwickeln der Schmalseiten sind sieben Propheten und fünf Sibyllen abgebildet, in den acht Stichkappen selbst und auf den zwölf Wandflächen der Lünetten die Vorfahren Christi und zwar in derselben Reihenfolge, wie sie zu Beginn des Matthäusevangeliums aufgelistet werden. Neben das biblisch bestimmte Bildpersonal treten schließlich weitere Figuren, deren inhaltliche Bedeutung weniger eindeutig ist. So bietet die gemalte Architektur des Strukturrahmens Platz für sitzende Aktfiguren auf den Kämpferaufsätzen der fingierten Gurtbögen und für ebenfalls nackte »putti« auf den darunter befindlichen Postamenten.

Die Episoden aus der Schöpfungsgeschichte verteilen sich folgendermaßen über die einzelnen Bildfelder des Gewölbespiegels (siehe Abb. 7): Im ersten dieser Felder scheidet Gott Licht und Finsternis, im zweiten erschafft er die Sonne, den Mond und die Pflanzen. Es folgen die Scheidung von Himmel und Wasser sowie, in zwei voneinander getrennten Feldern, die Erschaffung Adams und Evas. Danach finden sich zusammen in einem Bild zwei Begebenheiten, nämlich der Sündenfall und die Vertreibung aus dem Paradies, während das Opfer Noahs, die Sintflut und Noahs Trunkenheit auf drei voneinander getrennte Szenen verteilt sind. Weder die Auswahl der Episoden aus dem Alten Testament noch deren Reihenfolge folgt genau der biblischen Vorlage. Zudem entspricht die Einteilung der Bildfelder nicht exakt den Tagen der Schöpfungsgeschichte: Die Erschaffung der Pflanzen (dritter Schöpfungstag) und die Erschaffung von Sonne und Mond (vierter Tag) tauchen zusammen in einer Szene auf, während die Erschaffung Adams und Evas (sechster Tag) auf zwei Bilder verteilt wird.[7] Die größte Abweichung vom Bericht der Bibel zeigt das Opfer Noahs, das von seiner Position her eigentlich nach der Sintflut hätte dargestellt werden müssen und nicht davor. Ein Grund für diese auffällige Umstellung, die auch zu Benennungsproblemen bei Vasari und Condivi führte (Vasari §13 / Condivi §3), ist wahrscheinlich die Gesamtanordnung der Szenen in einem Arrangement von drei Trilogien.[8] Die erste Trilogie thematisiert den ersten Teil der Schöpfungsgeschichte, in der der sündige Mensch noch nicht vorkommt. Die beiden anderen Trilogien zeigen das erste Menschenpaar, Adam und Eva, sowie das weitere Schicksal der Menschheit nach dem Sündenfall, das durch Noah, den ersten Patriarchen des Alten Testaments, repräsentiert wird.

Mit dem Opfer Noahs endet die alttestamentliche Bilderzählung des Gewölbespiegels, doch schon Vasari (§17) bemerkte, daß die »Geschichte« in den Lünetten über den Fenstern und in den Stichkappen des Gewölbes eine Fortsetzung findet, da hier in Einzelbildern die Vorfahren Christi dargestellt sind. Dieses Ahnenregister des Erlösers begann ursprünglich in den Lünettenbildern der Altarwand, wo – bis zu ihrer Zerstörung durch die Anbringung des »Jüngsten Gerichts« (siehe oben) – die Noah nachfolgenden Patriarchen des Alten Testaments

7 Tolnay, II, S. 21; Hartt, 1950, S. 135.

8 Kuhn, 1975, S. 14–40; Rohlmann, 1995, S. 21; Lexikon der christlichen Ikonographie, IV, S. 122.

(Abraham, Isaak, Jakob) zu sehen waren (Abb. 7). Der weitaus größte Teil des Geschlechtsregisters Christi ist allerdings erhalten und endet mit der Darstellung Josephs – des Ziehvaters Christi – auf der nordöstlichen Lünette der Eingangswand. Die in den Lünetten und Stichkappen dargestellten Vorfahren des Erlösers verbinden somit die alttestamentlichen Episoden der Gewölbefresken einerseits mit den neutestamentlichen Geschichten auf den Seitenwänden der Kapelle andererseits.[9] Erst die vollständige Darstellung dieses Ahnenregisters Christi vereint die unterschiedlichen Bildergruppen der Sixtinischen Kapelle zu einem Gesamtprogramm.

Die durch die Vorfahren Christi zu einem umfangreichen und komplexen Bildprogramm verbundenen Fresken verdeutlichen nicht nur verschiedene Aspekte der Heilsgeschichte, sondern ebenso eine genealogische Kontinuität, die von der Schöpfung über die »Zeit unter dem Gesetz« bis in die Epoche Julius' II. reicht und – rückwärts »gelesen« – folgendermaßen lautet[10]: Der Papst ist Amtsnachfolger der in den Nischen dargestellten frühchristlichen Päpste; diese sind Nachfolger Petri, dessen Amtsgewalt auf Christus selbst zurückgeht. Christus wiederum entstammt der Ahnenreihe, die mit den ursprünglich auf den Lünetten der Altarwand dargestellten Patriarchen endete, mit der Geschichte Noahs im Gewölbespiegel ihre Fortsetzung findet und schließlich bis zur Schöpfung selbst reicht. Mit diesem Motiv einer heilsgeschichtlich konnotierten Kontinuität des Papsttums korrespondiert unmittelbar ein persönlicher Anspruch des Auftraggebers, den man ebenfalls als genealogisch motiviert bezeichnen könnte: Julius II. war der Neffe des Erbauers der Sixtinischen Kapelle, Sixtus IV. Er setzte mit dem Auftrag für die Freskierung des Gewölbes das Werk seines Onkels fort und verwies damit insofern auf die Kontinuität seiner eigenen Familie, als er deren Symbole – Eichbaum und Eichel (von »rovere«, ital. Eiche) – ebenso häufig anbringen ließ wie sein Onkel knapp eine Generation früher. Tatsächlich zieren Hunderte von

9 Poeschel, 2000, S. 197–201.

10 Rohlmann, 1995, S. 13.

kleinen Eicheln als häufigstes Schmuckelement die Ornamentleisten der Stichkappen und Eckzwickel. Dieselbe Pflanzensymbolik kommt in den Girlanden zum Ausdruck, die von einigen der großen Aktfiguren im Gewölbespiegel gehalten werden. Sie zeigen riesige Büschel von Eichenlaub und üppige Bündel teilweise vergoldeter Eicheln. Hinter Jonas (Abb. 17) schließlich, der durch seine Position unmittelbar über dem Altar besonders hervorgehoben ist, sind ineinander gewundene Zweige desselben Baumes zu erkennen. Deutlicher kann eine ikonographische Anspielung kaum sein, denn diese Zweige ähneln in ihrer Anordnung unübersehbar den in der Kapelle und auch auf ihren Außenwänden angebrachten Wappenkartuschen mit den Eichenbäumchen der beiden Della-Rovere-Päpste. Doch mit der Anbringung von Eichenlaub und Eicheln allein ist es nicht getan: Durch deren teilweise Vergoldung wird der Betrachter unmittelbar an die Panegyrik auf Julius II. erinnert, die in seinem Pontifikat eine Wiederkehr des Goldenen Zeitalters sieht.[11] Bereits Vasari hat auf diesen unmittelbar einleuchtenden Sinn der Darstellung in seiner Beschreibung hingewiesen (§ 10).

Mit der Symbolik von Eichbaum und Eichel doppelt Julius II. praktisch das genealogisch bestimmte Generalthema der Sixtinischen Kapelle: Die Fresken verdeutlichen nicht allein die Kontinuität, die sich von der Schöpfungsgeschichte bis zu den ersten Märtyrerpäpsten erstreckt, sondern auch die Kontinuität eines mit den Taten der della-Rovere-Familie verbundenen Papsttums. Die Familiengeschichte wird somit Teil der Papst- und Heilsgeschichte, und das genealogisch bestimmte Gesamtprogramm gipfelt schließlich in einem Goldenen Zeitalter Julius' II. Letztlich korrespondiert die Freskenausstattung der Sixtinischen Kapelle hierdurch direkt mit einer Besonderheit päpstlicher Familienpolitik: Der Papst konnte in seiner Funktion als oberster Priester zumindest offiziell keine leiblichen Kinder haben, doch um diese Einschränkung zu umgehen, protegierten die Päpste häufig Mitglieder

11 Hartt, 1950, S. 133–134, Stinger, 1985, S. 296–299.

der eigenen Familie für bedeutende Ämter in den höheren Positionen der klerikalen Hierarchie. Da der Papst und andere Würdenträger vorzugsweise ihre eigenen Neffen mit kirchlichen Ämtern und deren Privilegien zu versorgen versuchten, hat sich für diese Interessenspolitik des römischen Klerus der Begriff des »Nepotismus« (von ital. »nipote«-Neffe) eingebürgert, was im Deutschen in etwa der »Vetternwirtschaft« entspricht. Im Grunde bestand ein guter Teil päpstlicher Innenpolitik vor allem darin, einer möglichst großen Zahl von Blutsverwandten einen gut dotierten Posten, beispielsweise den eines Kardinals, zu verschaffen. Das höchste Ziel des »Nepotismus« war dann erreicht, wenn der vom Papst zum Kardinal erhobene eigene Neffe später zum Papst gewählt wurde. Den bis zu Beginn des 16. Jahrhunderts erfolgreichsten »Nepotismus« hatten die della Rovere betrieben, denn Julius II. folgte seinem Onkel Sixtus IV. schon 19 Jahre nach dessen Tod auf dem päpstlichen Stuhl. Im weitesten Sinne spiegelt also das Bildprogramm der Sixtinischen Kapelle unmittelbar die erfolgreiche Familienpolitik der della Rovere wider, die es geschafft hatte, innerhalb einer Generation zwei Päpste zu stellen.

2. Die Intrigen gegen Michelangelo

Wie fast alle Biographen und Kunsttheoretiker der Renaissance legten auch Vasari und Condivi wenig Wert auf eine exakte Deutung der von ihnen beschriebenen Werke. Vasari (§ 10) nennt lediglich das Goldene Zeitalter Julius' II. und damit einen wichtigen Teilaspekt der Interpretation; doch ebenso wie bei Condivi überwiegen oft andere Gesichtspunkte, wie beispielsweise das überschwengliche Künstlerlob oder die Freude am Erzählen. In diesen Zusammenhang gehört auch die Neigung Vasaris, historisch belegte Ereignisse um spannende Anekdoten zu bereichern – vor allem dann, wenn die Fakten nur lückenhaft überliefert oder zu langweilig waren. Daher mußte ihn auch Condivis Andeutung faszinieren, daß die Intrige Bramantes und Raffaels ein auslösendes Moment für die Freskierung der Sixtinischen Decke gewesen sei (Condivi §1 und 10/Vasari §1–2 und 5). Dieser Hinweis auf eine Rivalität zwischen Künstlern spiegelt zunächst natürlich die generelle Zunahme von Konkurrenzsituationen in der Kunstgeschichte der Frühen Neuzeit wider.[12] Zudem dürften die Biographen hier Informationen über Animositäten aufgeschnappt haben, von denen schon Piero Rosselli, ein Freund Michelangelos, in einem Brief vom Mai 1506 berichtet (Appendix 1): Bramante habe in Gegenwart des Papstes Michelangelos Kompetenz in der Darstellung perspektivischer Verkürzungen in der Deckenmalerei bezweifelt. Allerdings ist Rossellis Auskunft nicht unbedingt zuverlässig, denn er war parteiisch und darum bemüht, sich der Gunst Michelangelos zu versichern. Er interpretiert Bramantes Bemerkung als einen persönlichen Angriff gegen seinen Florentiner Künstlerfreund und dramatisiert damit aller Wahrscheinlichkeit nach eine ursprünglich eher unspektakuläre Sachfrage. Tatsächlich könnte man die von Rosselli kolportierte Aussage auch dahingehend interpretieren, daß Bramante in seiner Funktion als oberster päpstlicher Baumeister nur eine fachlich kompetente Feststellung über Michelangelos geringe Erfahrung auf dem Gebiet der perspektivischen Verkürzung machte.[13]

Auch der Konflikt zwischen Michelangelo und Raffael war wahrscheinlich etwas weniger dramatisch als ihn die Biographen später beschreiben. Das jedenfalls legt Vasari noch in der ersten Ausgabe seiner Viten nahe, wenn er davon berichtet, daß man in Rom aufgrund der engen Bande zwischen Bramante und Raffael nicht glaubte, Michelangelo würde den Auftrag für die Freskierung der Sixtina bekommen.[14] Dieser Passus der älteren Vitenedition entfiel in der Ausgabe

12 Kris/Kurz, 1980, S. 154 und 162; Goldthwaite, 1980, S. 372, 408 und passim; Warnke, 1980, passim; Clifton, 1996, S. 26.

13 Seymour, 1972, S. 75–77; Robertson, 1986, S. 98–99.

14 »Era già tornato il Papa in Roma e, mosso dall'amore che portava alla memoria del zio, sendo la volta della cappella di Sisto non dipinta, ordinò che ella si dipignesse. E si stimava, per l'amicizia e parentela che era fra Raffaello e Bramante, ch'ella non

von 1568, Vasaris Aufmerksamkeit als Erzähler galt also eindeutig der von Condivi übernommenen dramatischeren Version der Geschichte, die durch die Erwähnung der Machenschaften Raffaels und Bramantes einen besonderen »Pfiff« bekommen hatte. Ein Grund für Vasaris Interesse an der konfliktreicheren Variante lag darin, daß in seinem Geschichtsmodell die Konkurrenz zwischen einzelnen Künstlern den Fortschritt in den Künsten garantierte[15]; ein anderer ergab sich natürlich aus seiner notorischen Vorliebe für das Anekdotische.

Schließlich verliert die von den Biographen in die Welt gesetzte Geschichte der Intrigen auch dadurch an Glaubwürdigkeit, daß Raffael in die Angelegenheit hineingezogen wird. Tatsächlich hielt sich der Künstler weder im Mai 1506, als die Pläne zur Freskierung der Sixtina erstmals geäußert wurden (Appendix 1), noch im Mai 1508, als die Arbeiten begannen, in Rom auf, sondern erst im Herbst desselben Jahres. Er kam für die Rolle des Mitverschwörers also gar nicht in Frage. Das mag schon Vasari geahnt haben, der die Schilderung Condivis in diesem Punkt modifiziert und den Namen Raffaels nicht mehr unmittelbar im Zusammenhang mit einer haßerfüllten Verschwörerclique nennt.

Eine gewisse Vorsicht läßt Vasari auch gegenüber der Behauptung Condivis walten, Raffael habe nach der Enthüllung der ersten Hälfte des Freskos in der Sixtina den Rest ausführen sollen (Condivi § 10 / Vasari § 5). Während Condivi hierbei Raffael noch als treibende Kraft bezeichnet, stellt Vasari Bramante als den eigentlichen Urheber der gegen Michelangelo gerichteten Machenschaften dar. Raffael durfte wahrscheinlich nicht so schwer belastet werden, da er in dem von Va-

si dovesse allogare a Michelangelo. Ma pure per commissione del Papa et ordine di Giuliano da San Gallo fu mandato a Bologna per esso; e venuto ch e' fu, ordinò il Papa che tal cappella facesse, e tutte le facciate con la volta si rifacessero; e per prezzo d'ogni cosa vi misero il numero di XV mila ducati.« Frey, 1887, S. 82–84; Barocchi, 1962, I, S. 35–36; Vasari [1550], 1986, S. 962. Vgl. ebd., S. 648–649; Vasari [1568], 1906, IV, S. 339.

15 Clifton, 1996, S. 26–29.

sari propagierten Fortschrittsmodell der Kunstgeschichte eine bedeutendere Rolle spielte als Bramante. Bramante hingegen konnte leicht als Opfer für Anschuldigungen jeder Art herhalten, da er einen vergleichsweise ramponierten Ruf besaß. Er war bereits zu Lebzeiten als Zerstörer der alt-ehrwürdigen Peterskirche – als »Bramante ruinante« – in die Kritik geraten und außerdem für gewisse Nachlässigkeiten im Bereich der Bauausführung bekannt.[16] Er galt als Beispiel des beherzten (»animoso«) Baumeisters, der bei der Errichtung seiner Bauten gelegentlich auch Risiken einging und dessen Vorbild man in diesem Punkt auf keinen Fall folgen solle.[17] Wenn man also dem als »architetto animoso« bekannten »Bramante ruinante« negative Eigenschaften andichtete, konnte man hierbei eher auf die Zustimmung der Zeitgenossen rechnen als im Falle der Lichtgestalt Raffaels, dessen Reputation kaum ernsthafte Zweifel zuließ.

Auch wenn die Zuverlässigkeit der (ja oft widersprüchlichen) Angaben Vasaris und Condivis im Einzelfall schwer einzuschätzen ist, gibt es doch gelegentlich die Möglichkeit, deren Plausibilität mithilfe anderer Quellengattungen zu überprüfen. So vermittelt beispielsweise die erhaltene Korrespondenz Michelangelos einen Eindruck von den tatsächlichen Rivalitäten zwischen den Künstlern. Bezeichnenderweise tauchen in den Briefen, die Michelangelo zwischen 1508 und 1512 verfaßte, Intrigen Bramantes und Raffaels gar nicht auf. Vielmehr beklagt der Künstler den schlechten Charakter seines Bruders Giovan Simone, die miserable Zahlungsmoral des Papstes, die Unzuverlässigkeit seiner Diener und Gehilfen, seine eigene Not und Einsamkeit, seine fragile Gesundheit und ärmliche Lebensweise, die kunstfeindliche Haltung seiner Zeit sowie den Zwang, als Maler arbeiten zu müssen und daher

16 Borsi, 1989, S. 25–32 (Der Ausspruch »Bramante ruinante« stammt aus dem Tagebuch des päpstlichen Zeremonienmeisters Paris de Grassis). – Vgl. auch Condivi, 1998, S. 34; Condivi, 1874, §38.

17 »[…] e sia sempre l'Architetto piu presto timido che animoso: […] se sarà troppo animoso […] le sue cose gli riusciranno male.« Serlio, Terzo libro, 1540, S. 144; Ackermann, 1974, S. 340; Borsi, 1989, S. 25–32.

nicht als Bildhauer tätig sein zu können.[18] Michelangelo lamentiert also (oft zurecht, manchmal auch zu unrecht) über alle möglichen Dinge und Personen, nur nicht über die später von Condivi und Vasari kolportierten Intrigen Bramantes und Raffaels. Angesichts der ostentativen Leidenshaltung[19], die Michelangelo in seinen Briefen und Gedichten an den Tag legt, würde man aber gerade einen Hinweis auf das ihm von den Künstlerkollegen verursachte Leid erwarten.

Während eindeutige Anhaltspunkte für eine Rivalität Michelangelos mit Künstlerkollegen in seiner Korrespondenz von 1508 bis 1512 fehlen, finden sich in derselben Quellengattung zahlreiche Hinweise auf handfeste Streitereien zwischen Raffael und Sebastiano del Piombo. Diese Hinweise stammen allerdings nie aus den Briefen Michelangelos, sondern immer aus denen seiner Briefpartner. Zudem steht im Zentrum der Angelegenheit immer Sebastiano del Piombo, der sich wohl im Jahre 1516 mit Raffael erzürnt hatte, danach in einen direkten Künstlerwettstreit mit ihm trat und ihn daraufhin mit Polemiken überschüttete. Nach Raffaels Tod am 6. April 1520 nahmen diese Polemiken sogar noch zu: Schon wenige Tage nach dem Ableben seines Konkurrenten versuchte Sebastiano mit Hilfe Michelangelos, die unvollendeten Aufträge des verstorbenen Malers an sich zu bringen, scheiterte aber, da die Künstler aus der Raffaelwerkstatt in diesem Konkurrenzkampf die bessere Ausgangsposition hatten.[20] Michelangelo

18 Carteggio, I, S. 75 (Michelangelo an seinen Bruder Buonarroto, 29. Juli 1508,); S. 88–89 (an seinen Vater, 27. Januar 1509); S. 91–92 (an seinen Vater, Mai oder Juni 1509); S. 93 (an seinen Vater, Juni oder Juli 1509); S. 95–96 (an seinen Bruder Giovan Simone, Juni oder Juli 1509); S. 106 (an Buonarroto, Juli oder August 1510); S. 108 (an seinen Vater, 7. September 1510); S. 133 (an Buonarroto, 24. Juli 1512); S. 137 (an seinen Vater, Anfang Oktober 1512).

19 Vgl. hierzu Wittkower, 1989, S. 88–92.

20 Carteggio, I, S. 243 (Leonardo Sellaio aus Rom an Michelangelo, 19. Januar 1517); S. 274 (Buonarroto Buonarroti aus Florenz, 25. April 1517); Carteggio, II, S. 32–33 (Sebastiano aus Rom, 2. Juli 1518); S. 38 (Domenico di Terranuova aus Terranuova, 20. Juli 1518); S. 138 (Leonardo Sellaio aus Rom, 1. Januar 1519); S. 227 (Sebastiano aus Rom, 12. April 1520); S. 242–243 (Sebastiano aus Rom,

erscheint in den Angelegenheiten Sebastianos lediglich als Zuschauer, der von sich aus weder über Raffael noch über dessen Nachfolger ein böses Wort äußerte, sondern lediglich ein höfliches Empfehlungsschreiben für Sebastiano beisteuerte.[21] Selbst in seinem Ende 1523 verfaßten Brief an Giovan Francesco Fattucci (Appendix 2), in dem Michelangelo die Problematik des Juliusgrabes und die Entstehungsgeschichte der Sixtinischen Fresken genauestens schildert, fehlt jegliche Spitze gegen die vermeintlichen Intriganten. Erst sehr viel später, nachdem Michelangelo das Gesamtkonzept für das Grabmal ständig weiter reduziert, immer neue Verhandlungen mit den Erben Julius' II. geführt, die Arbeiten gegen Hinterlegung von 1400 Golddukaten an andere Künstler delegiert und zunächst vergeblich auf das Ende der Affäre gewartet hatte[22], erhebt der Künstler seine Stimme gegen Bramante und Raffael. In einem ungemein langen Brief vom Oktober 1542 geht Michelangelo auf die Geschichte des Grabmals und auf die Anschuldigungen ein, er habe die Gelder Julius' II. und die seiner Erben falsch verwendet und sogar gegen Wucherzinsen verliehen. Im Zusammenhang der »Tragödie des Juliusgrabes«, in einem Moment höchster Verzweiflung, nach bittersten Klagen über den Hergang der Geschichte und wiederholten Bitten um Fürsprache bei Papst Paul III., beschuldigt Michelangelo eigentlich völlig unvermittelt die schon vor Jahrzehnten verstorbenen Künstlerkollegen Bramante und Raffael, Ursache seiner Leiden gewesen zu sein:

> Ich bitte Eure Herrlichkeit um der Liebe Gottes und der Wahrheit willen, tragt diese Dinge zur rechten Zeit vor, damit ich mich gegebenenfalls beim Papst gegen diejenigen verteidigen kann, die ohne irgendeine Kenntnis der Sache Schlechtes über mich reden und dem Herzog [von Urbino] durch

7. September 1520); S. 233 (Sebastiano aus Rom, 3. Juli 1520); Dussler, 1942, S. 12, 41 und 203–205. Vgl. auch Steinmann, 1930, S. 5.

21 Carteggio, II, S. 232 (Michelangelo aus Florenz an Kardinal Bernardo Dovizi in Rom, Juni 1520).

22 Milanesi, 1875, S. 715–716 (endgültiger Vertrag mit den Erben Julius' II.).

falsche Informationen ins Hirn gesetzt haben, ich sei ein großer Schurke. Alle Unstimmigkeiten, die zwischen Papst Julius [II.] und mir entstanden sind, gehen auf den Neid Bramantes und Raffaels von Urbino zurück, und das war der Grund dafür, daß er zu Lebzeiten sein Grabmal nicht weiterführte, um mich zu ruinieren. Und Raffael hatte guten Grund dazu, denn alles, was er in der Kunst vermochte, hatte er von mir.[23]

Aus der bisher analysierten Korrespondenz wird also deutlich, daß Michelangelo selbst sich erst 1542 in einem der schwärzesten Augenblicke seiner Karriere zu gravierenden Anschuldigungen gegen Bramante und Raffael hinreißen ließ. Grund für Michelangelos Verzweiflung war allerdings nicht eine Intrige seiner beiden Künstlerkollegen, sondern einzig und allein die »Tragödie« des Juliusgrabes. Dessen Vollendung hatte sich jedoch keineswegs, wie Michelangelo in seiner Verzweiflung behauptet, durch Intrigen Bramantes und Raffaels verzögert, sondern in erster Linie durch die Großaufträge, die der Künstler in den Jahren und Jahrzehnten nach dem Tod Julius II. übernahm: die Gestaltung der Fassade von S. Lorenzo in Florenz, die Ausstattung der Neuen Sakristei ebendort sowie die Freskierung des »Jüngsten Gerichts« für die Sixtinische Kapelle und die Malereien für die »Cappella Paolina«.
Michelangelo konnte allerdings mittelbar einen Grund gesehen haben, Bramante für die »Tragödie des Juliusgrabes« verantwortlich zu machen. Der Anfang dieser »Tragödie« fällt bereits auf den Beginn des Jahres 1506, als sich definitiv herausstellte, daß der Umbau der alten

23 »Prego Vostra Signoria per l'amor di Dio e della verità, quando à tempo, legha queste cose, acciò, quando achadessi, mi possa col Papa difendermi da questi che dico' mal di me senza notitia di cosa alcuna e che m'ànno messo nel ciervello del Duca per un gran ribaldo, con le false informazioni. Tutte le discordie che naqquono tra papa Iulio e me fu la invidia di Bramante et di Raffaello da Urbino; et questa fu causa che non e' seguito la sua sepultura in vita sua, per rovinarmi. Et avevane bene cagione Raffaello, ché ciò che aveva dell'arte, l'aveva da me.« Carteggio, IV, S. 150–155, 155; Hindenberger, 1947, S. 251–261. Vgl. hierzu auch Condivi, 1998, S. 38 und 44 (Condivi, 1874, §XL und XLVIII); Vasari [1568], 1906, VII, S. 192.

Peterskirche weit mehr als nur eine Erweiterung des Chorbereichs sein würde, in dem das Juliusgrab seinen Platz finden sollte.[24] Unter dem Eindruck der imposanten Pläne Bramantes beschloß der Papst einen kompletten Neubau. Dieser Beschluß, so wurde nach und nach deutlich, sollte die ursprüngliche Planung für Michelangelos Juliusgrab gefährden und sowohl bedeutende finanzielle Ressourcen als auch das Interesse des Papstes vom Grabmalsprojekt ablenken.[25] Mittelbar, ohne daß dies in der Absicht Bramantes gelegen hätte, stand die Planung für den Neubau von St. Peter am Anfang jener »Tragödie« des Grabmals, die erst zu Beginn des Jahres 1545 mit der Errichtung einer stark reduzierten Fassung in S. Pietro in Vincoli ihren letztlich unbefriedigenden Abschluß fand und Michelangelo bis an sein Lebensende belastete. Im nachhinein betrachtet, mußte der Künstler also in der Person Bramantes den Urheber für die größte Tragödie seines Lebens sehen. In der Erinnerung Michelangelos und im Kontext der Legendenbildung wurde schließlich auch noch Raffael in die Geschichte mit hineingezogen, denn als Landsmann Bramantes und als Erzfeind Sebastiano del Piombos erschien er als der ideale Mitverschwörer.

Trotz der Fertigstellung des Juliusmonuments in Form eines Wandgrabes in S. Pietro in Vincoli im Jahre 1545 sollte Michelangelo in dieser Angelegenheit noch nicht zur Ruhe kommen, denn inzwischen war der berüchtigste italienische Literat des 16. Jahrhunderts auf den Plan getreten, Pietro Aretino, der seit September 1537 mit ebenso schmeichelhaften wie unverschämten Briefen versuchte, sich der Gunst Michelangelos zu versichern. Er bot dem Künstler seine Dienste als Ruhmesverkünder an, verlangte aber als Gegenleistung entsprechende Geschenke in Form von Zeichnungen Michelangelos.[26] Der Künstler

24 Echinger-Maurach, 1991, S. 140 und passim; Frommel, 1976; Satzinger, 2001.

25 Springer, 1883, S. 146–147; Frommel, 1976; Echinger-Maurach, 1991, S. 131–142; Bredekamp, 2000, S. 25–40.

26 Carteggio, IV, S. 82–84 (Aretino am 16. September 1537); S. 87–88 (Michelangelo am 20. November 1537); S. 90–91 (Aretino am 20. Januar 1538); S. 181–182 (Aretino im April 1544); S. 208–209 (Aretino im April 1545).

zeigte sich in seiner Antwort zunächst erfreut über das Angebot Aretinos, doch der ironische Unterton seines Briefes verdeutlicht, daß er dem ebenso durchtriebenen wie mächtigen Schmeichler nicht wohl gesonnen war. Er schickte schließlich ein paar Zeichnungen, die jedoch hinter den hochgesteckten Erwartungen Aretinos zurückblieben, verweigerte dann aber weitere Geschenke, was den Dichter in seinem berüchtigten Brief vom November 1545 zu einer Kaskade übelster Beschimpfungen veranlaßte, die sich nicht nur auf unzüchtige Details in Michelangelos »Jüngstem Gericht« beziehen, sondern auch auf die kurz zuvor beigelegte »Tragödie« des Juliusgrabes. Aretino ging sogar so weit, auf homosexuelle Neigungen Michelangelos anzuspielen und gleich zu Beginn des Briefes das künstlerische Abhängigkeitsverhältnis zwischen Michelangelo und Raffael umzukehren:

> Nachdem ich den vollständigen Entwurf Eures ganzen Jüngsten Gerichts wiedergesehen habe, bin ich nun imstande, darin hinsichtlich der Schönheit der Erfindung die berühmte Anmut Raffaels zu erkennen. Als getaufter Christ jedoch schäme ich mich angesichts der dem menschlichen Geist unwürdigen Gestaltungsfreiheit, welche ihr dabei gebraucht habt, jene Ideen zum Ausdruck zu bringen, zu denen schlußendlich jeder Sinn unseres wahrhaftigsten Glaubens strebt.[27]

In diesem Ton geht es noch eine Weile weiter, bis Aretino dem Maler vorwirft, er habe seine Kunst über den christlichen Glauben gestellt und dabei die heiligen Gestalten in unzüchtigen Stellungen und mit einem überflüssigen Gezerre an ihren Geschlechtsteilen abgebildet. Schließlich beteuert er, seine Kritik entspringe keineswegs der Enttäuschung über nicht erhaltene Geschenke, um dann aber doch auf den günstigen Einfluß eben solcher Geschenke zu sprechen zu kommen,

27 »Nel rivedere lo schizzo intiero di tutto il vostro dì del Giudicio, ho fornito di conoscere la illustre gratia di Rafaello ne la grata bellezza de la inventione. Intanto io, come battezzato, mi vergogno de la licentia, sì illecita a lo spirito, che avete preso ne lo isprimere i concetti u' si risolve il fine al quale aspira ogni senso de la veracissima credenza nostra.« Ebd., S. 215–217, 215.

da sie ihn, Michelangelo, vor bösartigen Gerüchten bezüglich seiner Neigung zu hübschen jungen Männern hätten schützen können. Hier nun folgt der Vorwurf im Bezug auf das Juliusgrab und die von Michelangelo veruntreuten Gelder:

> Aber wenn der Schatz, den Julius II. Euch hinterlassen hat, damit seine sterblichen Überreste in dem von Euch skulpierten Monument ruhten, nicht ausreichte, um Euch die eingegangenen Verpflichtungen einhalten zu lassen, was kann man von Euch noch erhoffen? Nicht Eure Undankbarkeit, nicht Euer Geiz, großer Maler, sondern die Gnade und das Verdienst des obersten Hirten haben es soweit kommen lassen, denn Gott selbst wollte es so, daß der ewige Ruhm Julius' II. in einem einfachen Grab und für sich selbst weiter lebe und nicht vermittelt durch das hochmütige Grabmonument nach Maßgabe Eurer Kunst. In dieser Sache muß Euer Versagen gegenüber Euren Verpflichtungen als Diebstahl verstanden werden.[28]

Zum Schluß rundet Aretino seinen Angriff noch durch ein Argument aus der ikonoklastischen Tradition ab: Julius' II. bleibe der Nachwelt ohnehin eher durch seine Verdienste als durch ein monumentales Kunstwerk im Gedächtnis. Mit dem dann folgenden Hinweis auf Papst Gregor den Großen als Zerstörer paganer Idole nimmt Aretino schließlich sogar die Kunstkritik der Gegenreformation vorweg:

> [...] unsere Seelen bedürfen mehr der Gefühle der Andacht als der Lebhaftigkeit eines künstlerischen Entwurfs. Möge Gott den Papst Paul [III.] erleuchten, wie er Papst Gregor [d. Gr.] seligen Andenkens inspiriert hat,

28 »Ma se il thesoro lasciatovi da Giulio acciò si collocassero le sue reliquie nel vaso dei vostri intagli non è stato bastante a far che gli osserviate la promessa, che posso però isperar io? Benchè non la ingratitudine, non l'avaritia di voi, pittor magno, ma la gratia et il merito del Pastor massimo è di ciò cagione; avvengachè Iddio vuole che la eterna fama di lui viva in semplice fattura di deposito in l'essere di se stesso, et non in altiera machina di sepoltura in vertù del vostro stile. In questo mezzo il mancar voi del debito vi si attribuisce per furto.« Ebd., S. 216–217. Angesichts der Schwere der Vorwürfe publizierte Aretino diesen Teil des Briefes allerdings dann doch nicht. Vgl. ebd. S. 218–219.

der Rom eher seiner hochmütigen heidnischen Bildwerke beraubt sehen wollte, als daß sie den bescheidenen Bildern der Heiligen ihre Güte genommen hätten […].[29]

Was Aretino mit seinen massiven Vorwürfen hinsichtlich des Juliusgrabmals und mit seiner scharfen Kritik am »Jüngsten Gericht« versuchte, war nichts weniger als eine rhetorisch brillant formulierte Vernichtung von Künstler und Kunstwerk, ein Diffamierungsversuch also, der angesichts der nahenden Gegenreformation sogar bedrohlich hätte werden können.
Da Kopien der Briefe Aretinos in Italien zirkulierten und man immer mit deren Publikation rechnen mußte, hatte Michelangelo alle Veranlassung, erneut ein Aufkochen der eben abgeschlossenen »Tragödie« des Grabmals zu fürchten.[30] Im Zusammenhang mit diesen Befürchtungen sind wahrscheinlich seine Bemühungen um eine biographische Richtigstellung der wichtigsten Ereignisse seines Lebens herangereift.[31] Der Impuls, den Schilderungen Vasaris von 1550 durch die Ausführungen Condivis von 1553 entgegenzutreten, stammte noch aus der Zeit dieser Kontroverse. Die für Michelangelo unbefriedigende Darstellung Vasaris von 1550 war dann nur der endgültige Auslöser für seinen Wunsch nach jener »Gegendarstellung« durch Condivi, die im Blick auf die Sixtinische Decke vor allem mit den Machenschaften Bramantes und Raffaels aufwartet. Deren Intrigen müssen jedoch, zumindest im Bezug auf Michelangelos Arbeiten in der Sixtinischen Kapelle, zum größten Teil als literarische Fiktion gelten. Das mag auch Michelangelo selbst gespürt haben, denn kurz

29 »[…] le nostre anime han più bisogno de lo affetto de la devotione che de la vivacità del disegno, inspiri Iddio la Santità di Paolo come inspirò la Beatitudine di Gregorio, il quale volse imprima disornar Roma de le superbe statue degli idole che torre, bontà loro, la riverentia a l'humili imagini dei santi.« Carteggio, IV, S. 217; Hinderberger, 1947, S. 267; Buddensieg, 1965, S. 60–61.

30 Vgl. hierzu auch Echinger-Maurach, 1991, S. 156.

31 Vgl. auch Condivi, 1998, S. 48–49; Condivi, 1874, §LII.

vor seinem Tod versuchte er, die Übertreibungen Condivis richtigzustellen.[32]
Daß Bramante vielleicht doch nicht der Bösewicht war, als den Vasari und Condivi ihn beschreiben, lassen andere zeitgenössische Quellen erahnen[33], unter ihnen auch Vasari selbst, der Bramante in der ersten Version seiner Viten noch als einen Freund Michelangelos bezeichnet hatte.[34] Ein in dieser Angelegenheit unabhängiger Beobachter, der Florentiner Bildhauer Benvenuto Cellini (1500–1571), sah in Bramante sogar einen Förderer Michelangelos. In der 1568 gedruckten Fassung seines Traktats über die Goldschmiedekunst lesen wir hierzu:

> [...] und dieser Bramante war es wirklich, der mit noblem und gutherzigem Geist die Größe des Talents und die Kunstfertigkeit [Michelangelo] Buonarrotis bekannt gemacht hat, indem er ihn zur anstehenden Ausmalung der päpstlichen Kapelle des genannten Julius II. vorschlug.[35]

In der vom Druck geringfügig abweichenden Manuskriptfassung desselben Traktats deutet Cellini sogar an, daß ursprünglich Bramante die Sixtina ausmalen sollte:

> Dieser Bramante, der gesehen hatte, wie sehr sich der gute Papst an guten Talenten erfreute, und weil der besagte Papst ihn [d. i. Bramante] das große Gewölbe der großen päpstlichen Kapelle malen lassen wollte, dieser Bramante stellte dem besagten Papst Julius Michelangelo Buonarroti vor, der ohne jede Reputation in Rom weilte und ohne daß sein Talent bekannt gewesen wäre.[36]

32 Condivi, 1998, S. XXXVIII (d. i. Elam, 1998), XXI–XXII, 24 und 34.

33 Metternich, 1975, S. 179–221; Robertson, 1986, S. 99–100.

34 Vasari [1550], 1986, S. 963–964. – Vgl. auch ebd. S. 648.

35 »[...] & detto Bramante veramente fù quello che con animo nobile & benigno, fece conoscere quanta fusse la virtù, & l'Artifizio del Buonarroti proponendolo nel dipignere che si haueua da fare la Cappella Papale à detto Giulio ij.« Cellini, 1568, c. 45v.

36 »Questo Bramante, veduto quanto il buon papa Giulio si dilettava delle buone virtù e perché gli aveva volontà il detto Papa di fare dipignere quella gran volta della gran cappella papale, questo Bramante messe innanzi al detto papa Giulio

Cellini wendet also die von Condivi als Intrige dargestellte Geschichte ins Positive: Bramante habe den jungen Michelangelo in Rom zu fördern versucht. Diese Variante der Geschichte ist nicht ganz von der Hand zu weisen, weil Cellini, der ein intimer Kenner der römischen Verhältnisse und ein glühender Verehrer Michelangelos war, keinen Grund hatte, Bramante über Gebühr zu loben. Selbst seine Andeutung, daß zunächst Bramante die päpstliche Kapelle hätte freskieren sollen, scheint nicht ganz aus der Luft gegriffen, da zu jenem Zeitpunkt nicht Michelangelo, sondern Bramante die größere Erfahrung in perspektivisch verkürzter Deckenmalerei besaß. Von diesem Erfahrungsvorsprung berichtet auch Piero Rosselli in seinem Brief vom Mai 1506 (Appendix 1), wenn er von Bramantes Zweifeln an Michelangelos Fähigkeiten in der Darstellung perspektivisch verkürzter Figuren berichtet. Wir können also davon ausgehen, daß Condivi im Eifer seiner Parteinahme für Michelangelo und Vasari im Eifer des Erzählens eine wahrscheinlich eher unbedeutende Animosität zu einer monströsen Intrige vergrößert haben, deren tieferer Sinn Gegenstand des folgenden und zugleich letzten Abschnitts ist.

3. Der Ausdruckskünstler als Märtyrer und Erlöser

In ihren Beschreibungen der Sixtinischen Kapelle bedienen sich Vasari und Condivi einer Terminologie, die größtenteils aus der Kunstliteratur des 15. Jahrhunderts stammt.[37] Die bekanntesten Beispiele für diese Terminologie sind »grazia«, »maniera«, »aria«, »disegno«, »ingegno«, »invenzione«, »attitudine«, »varietà«, »diversità«, »difficoltà« und »scorci« bzw. scorti«.

Michelagnolo Buonaroti, il quale era a Roma senza un credito al mondo e non conoscuito le sue gran virtù.« Cellini, 1968, S. 711. Vgl. hierzu Robertson, 1986, S. 99.

37 Alberti, 2000; Leonardo, 1882; Frey, 1892; Baxandall, 1984; Kemp, 1997, S. 297–330.

Mit »grazia« beschreiben die Biographen die anmutige Gestaltung, mit »disegno« die Entwurfsqualitäten und mit »aria« meistens einen besonderen Gesichtsausdruck, gelegentlich aber auch den gesamten Charakter einer Figur. »Varietà« und »diversità« bezeichnen den Abwechslungsreichtum, der wiederum durch unterschiedliche »attitudini« (Stellungen) besonders der bewegten Figuren gewährleistet ist. Dieser Abwechslungsreichtum hängt u. a. von der Gabe oder vom Talent, dem »ingegno«, und von der »invenzione«, der Erfindungskraft, des Künstlers ab. Nicht ohne Talent ist die »difficoltà« (Schwierigkeit) zu meistern, beispielsweise bei den »scorti« (den perspektivischen Verkürzungen). Unter »maniera« schließlich muß man sich ein bestimmtes, wieder erkennbares Stilelement vorstellen, sozusagen die »Handschrift« des Künstlers, die sich mithilfe der genannten Begriffe mehr oder weniger genau charakterisieren läßt.
Das sprachliche Repertoire der beiden Biographen ist unterschiedlich groß. Condivis kunsttheoretischer Wortschatz beschränkt sich auf etwa ein Dutzend Begriffe, während Vasari ungefähr auf das Dreifache kommt und daher auch zu einer differenzierteren Beschreibung gelangt. So benutzt Condivi beispielsweise den Begriff »aria« überhaupt nicht, wohingegen Vasari ihn generell in seinen Viten und auch in der Vita Michelangelos heranzieht, um die Ausdrucksintensität des Gesichts oder überhaupt den Ausdruck einzelner Figuren zu betonen (§ 9–10, 14, 17). Ohnehin gibt sich Condivi in der Schilderung von Affektdarstellungen zurückhaltender als Vasari, glänzt dafür aber gelegentlich durch präzisere Beschreibungen der Gesamtstruktur der Fresken (§ 2).[38] Zurückhaltend verhält sich Condivi auch im Gebrauch seines übrigen kunsttheoretischen Vokabulars; so verwendet er in seiner Schilderung der Sixtinischen Decke die meisten Begriffe nur einmal, lediglich »attitudine« (§§ 5 und 7) und scorti« (§§ 3 und 5) tauchen mehrfach auf. Er schätzte die Fresken Michelangelos also besonders wegen ihrer unterschiedlichen Stellungen – beispielsweise der Aktfiguren –

38 Echinger-Maurach, 1991, S. 13–14 und 471–474.

und aufgrund ihrer kühnen perspektivischen Verkürzungen (»scorti«). Die gleiche Vorliebe entwickelt auch Vasari, der »attitudine« von allen Begriffen am häufigsten anführt (§§ 9–11 und 14–17) und die perspektivische Verkürzung der Figuren in den Eckzwickeln und des Jonas (Abb. 7) oberhalb der Altarwand mithilfe einer identischen oder eng verwandten Terminologie euphorisch beschreibt (§§ 9–11, 17–18). Ähnlich urteilt der erste Biograph Michelangelos, Paolo Giovio, wenn er die Verkürzungen der Sixtinischen Decke vergleichsweise ausführlich abhandelt (Appendix 3, § 1).[39]

Interessant ist der offenbar verbreitete Hinweis auf Michelangelos Meisterschaft in der Darstellung der »scorti« vor allem deshalb, weil dem Künstler vor Beginn seiner Arbeiten in der Sixtinischen Kapelle gerade diese Fähigkeit von Bramante abgesprochen worden war (Appendix 1). Schaut man sich die in starker Verkürzung gemalten Figuren und ihre Plazierung auf dem Gewölbe an (also die Geschichten in den vier Eckzwickeln und den Jonas), dann hat man sogar den Eindruck, daß die »scorti« als das eigentliche formale Thema der Fresken und als Antwort auf die Zweifel Bramantes zu verstehen sind (Abb. 13–16). Außerdem befinden sich die Figuren mit den auffälligsten Verkürzungen dort, wo ihre Ausführung technisch besonders schwierig war. Michelangelo reagierte also mit seinen Fresken nicht nur auf die im Vorfeld seiner Arbeit geäußerten Zweifel, sondern stellte sich der Herausforderung und erhöhte sogar noch deren Schwierigkeitsgrad, die »difficoltà«.

Der Sieg über die »difficoltà« entspricht einem Allgemeinplatz der Kunstliteratur.[40] Vasari greift diesen Topos zweimal auf, zum einen in seiner Beschreibung der virtuos gemalten »attitudine« der libyschen Sibylle (§ 16 [Abb. 10]), deren Bewegungsmotiv nur Michelangelo habe gelingen können, und zum anderen in seiner Schilderung der Hinrichtung Hamans (§ 17 [Abb. 16]), deren Darstellung den höchsten Schwierigkeitsgrad überhaupt repräsentiere. Indem Vasari hier den Topos

39 Vgl. auch Barocchi, 1962, II, S. 492.

40 Summers, 1981, S. 177–185.

der »difficoltà« bemüht und mit der Darstellung kühner Verkürzungen verknüpft, stellt er Michelangelo in eine Reihe mit jenen Künstlern des Florentiner Quattrocento, die dafür bekannt waren, durch die virtuose Darstellung perspektivischer Verkürzungen die »difficoltà« gemeistert zu haben: Masaccio, Andrea del Castagno und Paolo Uccello.[41]

Die »difficoltà« der »scorti« bringt uns schließlich zum Begriff der »terribilità«, mit dem Vasari schon Künstler wie Masaccio und Castagno[42] sowie bezeichnenderweise auch die perspektivischen Verkürzungen der Sixtinischen Decke charakterisiert (§11 und 18). Dieser im Deutschen nur unzureichend mit »Schrecklichkeit« oder »Gewaltigkeit« übersetzte Begriff ist sowohl von Vasari als auch in der übrigen Kunstliteratur des 16. Jahrhunderts auf keinen anderen Künstler so häufig angewandt worden wie auf Michelangelo.[43] Er gilt geradezu als Schlüsselbegriff für das Verständnis seiner Kunst und verbindet in einzigartiger Weise zwei wichtige Aspekte der neueren Kunstgeschichte: den Charakter des Künstlers einerseits mit den Eigenarten seiner Kunst andererseits. Zum ersten Mal taucht »terribilità« im Zusammenhang mit Michelangelo in zwei Briefen Sebastiano del Piombos vom Herbst 1520 auf. In einem Schreiben vom 15. Oktober 1520 kolportiert er zunächst die Worte Papst Leos X., der den schwierigen menschlichen Umgang mit Michelangelo folgendermaßen kommentiert hatte:

> »Schau dir die Werke Raffaels an, der, als er die Werke Michelangelos sah, den Stil Peruginos sofort aufgab und sich so eng wie möglich demjenigen Michelangelos annäherte. Aber er ist schrecklich, man kann mit ihm keinen Umgang pflegen.« Und ich antwortete Seiner Heiligkeit, daß Eure »terribilità« keiner Person schade und daß Ihr schrecklich erscheinen würdet aufgrund der Liebe, die Ihr zur Bedeutung Eurer großartigen Werke hegt […].

41 Frey, 1892, S. 98–99 und 120.

42 Vasari [1550], 1986, S. 286, 290–291 (Masaccio), 410 und 415 (Castagno).

43 Barocchi, 1962, II, S. 472–479; Summers, 1981, S. 234–241; Battaglia, 1961ff, XX, 2000, S. 957–958.

Knapp einen Monat später betont Sebastiano dann, daß er Michelangelo, den größten Künstler aller Zeiten, als Person nicht für schrecklich halte, sondern nur in seiner Kunst.[44]
Sebastiano unterscheidet noch zwischen der »terribilità« des Künstlers und der seiner Kunst, doch sollte diese Unterscheidung in den folgenden Jahren mehr und mehr verlorengehen. So impliziert Francisco de Hollanda in seinen 1538 entstandenen »Dialogos de Roma« bereits eine enge Verwandtschaft zwischen der »terribilità« des Künstlers und der seines Werkes, wenn er im Hinblick auf Michelangelo bemerkt, daß der »terrível pintor« (schreckliche Maler) oder überhaupt der mit irgendeiner »schrecklichen« Fähigkeit ausgestattete Künstler in Italien besonders geschätzt werde.[45] Fast zur gleichen Zeit charakterisiert Pietro Aretino mit der »terribilità« zunächst die Ehrfurcht gebietende Größe antiker Kunst und damit letztlich auch die Großartigkeit bestimmter künstlerischer Ausdrucksformen.[46] Wenige Jahre später bezeichnet er mit demselben Begriff auch sein eigenes poetisches Schaffen und nennt sich selbst einen »terribile huomo«, wobei hier nun die Konzeptualität seiner Dichtkunst mit der seiner eigenen Person verschmilzt.[47] An diese Dimension des Begriffs schließt Vasari an, wenn er im Zusammenhang des Neubaus von St. Peter die »terribilità« sowohl auf den »animo« (Geist) und den »ingegno« (Talent) Bramantes als auch auf dessen Werk anwendet.[48] Dieselbe Vermischung der Eigenschaften von Künstler und Kunstwerk ist gemeint, wenn Vasari

44 »›Guarda l'opere di Rafaelo, che come vide le hopere de Michelagniolo, subito lassò la Maniera del Perosino et quanto più poteva si acostava a quella di Michelagnolo. Ma è teribile, come tu vedi; non si pol pratichar con lui‹. Et io resposi a Sua Santità che la teribelità vostra non noceva a persona, et vui parete terribile per amor de l'importantia de l'opere grande havete […].« Carteggio, II, S. 247 (15. Oktober 1520); ebd., S. 255–256 (9. November 1520).

45 Holanda, 1955, S. 23.

46 Serlio, 1537, S. ii (Widmungsbrief Pietro Aretinos).

47 Aretino, Lettere, V (1550), S. 29r (November 1548); Lettere, III (1546), S. 85r (Januar 1545).

48 Vasari [1550], 1986, S. 276–277 [S. 599–600]; Vasari [1568], 1906 IV, S. 160–162.

den Begriff der »terribilità« dann auffallend häufig für die Bezeichnung eines intensiven künstlerischen Ausdrucks bei Michelangelo gebraucht. Dementsprechend taucht »terribilità« in den »Viten« nicht nur als Kriterium für die Beschreibung perspektivisch verkürzter Figuren der Sixtinischen Decke auf, sondern gleich drei mal für die Charakterisierung ausdrucksstarker Figuren im »Jüngsten Gericht« sowie für die Bronzestatue Julius II. in Bologna. Dieses Werk wurde schon 1511 zerstört, Vasari kannte dessen »terribilità« somit gar nicht, doch wichtiger war ihm bisweilen eher ein Konzept als dessen Sichtbarkeit im Bild – hier das Konzept einer mit »terribilità« gekennzeichneten Ausdrucksstärke des Kunstwerks, die direkt mit dem Ausdruckswillen des Künstlers einerseits und der zum Ausdruck gebrachten Macht des dargestellten Papstes andererseits korrespondiert. Das bestätigt auch der Gebrauch des Superlativs »terribilissimo«, den Vasari auf Michelangelos Moses und damit auf eine ebenso furchterregende wie ausdrucksintensive Figur anwendet: Diese Figur habe »sicherlich den Ausdruck eines wahren Heiligen und eines sehr schrecklichen Fürsten«.[49] In der gleichen Rolle des »terribile principe« sah sich auch Michelangelo selbst.[50]

Vasaris Wortgebrauch des Begriffes »terribilità« impliziert eine Einheit von Künstler und Kunstwerk, die einem modernen und bis in unsere Tage gültigen Konzept des Künstlerischen entspricht: Das Kunstwerk ist Ausdruck des künstlerischen Selbst. Dieses Konzept des Ausdruckskünstlers war allerdings zu Beginn des 16. Jahrhunderts noch keine Selbstverständlichkeit. Das belegt die Geschichte des bekannten toskanischen Sprichworts »Ogni pittore dipinge sé« (Jeder Maler malt sich selbst), das sich erstmals in einer um 1478 entstandenen Sammlung Florentiner Schwänke findet. Dort heißt es von einem weisen Ausspruch Cosimo de' Medicis: »Cosimo sagte, eher würden hundert

49 »[…] et inoltre alla bellezza della faccia, che ha certo aria di vero santo e terribilissimo principe […].« Vasari [1550], 1986, S. 960–961; Vasari [1568], 1906, VII, S. 166.

50 Barolsky, 1990, S. 122–127, 141–143.

Wohltaten vergessen als eine Beleidigung; und der Beleidiger verzeihe nie; und daß jeder Maler sich selbst male.«[51] Mit dem Sprichwort vom sich selbst malenden Maler wurde also die menschliche Schwäche, sich eher der bösen als der guten Taten zu erinnern, betont und hierbei der Künstler, der sich selbst darstellt oder thematisiert, als negativ konnotiertes »tertium comparationis« herangezogen.

Andere Quellen aus derselben Zeit bestätigen die durchweg negative Konnotierung des sich selbst malenden oder sich selbst ausdrückenden Künstlers. Als Beispiel sei ein Streitgedicht genannt, das Matteo Franco gegen seinen literarischen Rivalen Luigi Pulci richtete. Beide Poeten tauschten zwischen 1474 und 1475 am Hofe Lorenzo de' Medicis in Florenz heftige Polemiken aus, und in einem seiner Streitgedichte wirft Franco seinem Kontrahenten Pulci dessen mühsam ergaunerten Aufstieg vom Habenichts zum mediceischen Hofpoeten vor, den er nur aufgrund seiner Zudringlichkeit erreicht habe. Im Bezug auf dieses armselige Werben und penetrante Streben behauptet Franco schließlich: »Jeder Maler malt sich selbst« – was in diesem Fall soviel heißt wie: Pulci könne gar nicht anders, als sich immer wieder impertinent um die Gunst eines Herrschers bemühen. Ein solches Verhalten läge in seiner Natur, er könne sich dem Ausdruck seines zwanghaften Charakters gar nicht entziehen.[52]

Daß mit dem Sprichwort »Ogni pittore dipinge sé« eine ablehnende Haltung gegenüber dem Ausdruck des künstlerischen Selbst gemeint sein konnte, bestätigt auch Leonardo da Vinci (1452–1519) an mehreren Stellen seiner kunsttheoretischen Schriften. In einem um 1508 entstandenen Absatz seines Malereitraktats lesen wir:

51 »Diceva Cosmo che si dimenticano prima cento benefici che una ingiuria, e chi ingiuria non perdona mai, e che ogni dipintore dipinge sé.« Zitiert nach Battaglia, 1961ff, IV, 1966, S. 512, Nr. 20; deutsche Übersetzung nach Wesselski, 1929, S. 72, Nr. 150. – Vgl. hierzu Schlosser, 1924, S. 74–75; Kemp, 1976; Zöllner, 1992; Arasse, 1997, S. 7–9.

52 Pulci/Franco, 1933, S. 24.

> Ich habe Künstler gekannt, bei denen sah es so aus, als hätten sie sich in allen ihren Figuren nach der Natur selbst dargestellt, und man sieht in diesen Figuren die Haltung und die Art ihres Schöpfers. Ist dieser rasch und lebhaft in seiner Rede und in seinen Bewegungen, so sind seine Figuren von ähnlicher Lebhaftigkeit. Ist der Meister fromm, dann sehen die Figuren mit ihren krummen Hälsen ebenso aus; und scheut er Anstrengung, dann scheinen seine Figuren wie die nach der Natur selbst geschaffene Faulheit; und ist er schlecht proportioniert, sind es seine Figuren desgleichen; und ist er verrückt, so zeigt sich das ausgiebig in seinen Bildern […].[53]

Der 1452 geborene Leonardo stand also dem Ausdruck des künstlerischen Selbst ablehnend gegenüber, er gehörte noch einer Zeit an, die man als Epoche vor dem Zeitalter des Ausdrucks bezeichnen könnte.

Während Leonardo in der unwillentlichen Selbstdarstellung des Künstlers in seinem Werk ein ernstes Problem sah, konnte der zwei Generationen jüngere Vasari über das Sprichwort »Jeder Maler malt sich selbst« schon in scherzhafter Weise reflektieren. So begründet er die oft rundlichen Figuren der mittelalterlichen Skulptur damit, daß deren Schöpfer einen runden Geist sowie eine einfältige und grobe künstlerische Auffassung gehabt hätten.[54] Ebenso scherzhaft geht Vasari in der Vita Michelangelos mit demselben Phänomen um, wenn er berichtet: »Ein Maler, ich weiß nicht welcher, hatte ein Bild ausgeführt, in dem ein Ochse besser gemalt war als die anderen Dinge. Man fragte Michelangelo, warum der Maler jenen lebhafter als die anderen Gegenstände gemacht hatte, und der antwortete: ›Weil jeder

53 »[…] perche n'ho [i. e. degli artisti] cognociuti alcuni, che in tutte le sue figure pare haueruisi ritratto al naturale, et in quelle si uede li atti e li modi del loro fattore. e s'egli è pronto nel parlare e n' moti, le sue figure sonno il simile in prontitudine; e s' el maestro è diuotto, il simile paiano le figure con lor colli torti; e se'l maestro è da poco, le sue figure paiono la pigritia ritratta al naturale; e s' el maestro è sproportionato, le figure sue son simili, e s'egli è pazzo, nelle sue istorie si dimostra largamente […]«. Leonardo, 1882, § 108.

54 »[…] avevano essi ancora tondi gli spiriti e gli ingegni stupidi e grossi.« Vasari [1550], 1986, S. 333/310.

Maler sich selbst gut darstellt.‹«[55] Die Auffassung Vasaris ist bezeichnend für einen Paradigmenwechsel, der sich mit der Kunst und der Kunsttheorie der Frühen Neuzeit in Italien vollzog. Während in der Frührenaissance im Rahmen der Forderung nach Naturnachahmung die künstlerische Praxis in erster Linie auf eine exakte Wiedergabe der gegenständlichen Welt hinauslief, wurde dieses Postulat im Cinquecento um eine wichtige Forderung erweitert: Nicht mehr nur die exakte und damit »richtige« Naturnachahmung stand im Mittelpunkt, sondern gleichzeitig die Thematisierung und Darstellung einer inneren Idee, mochte sie nun im neoplatonischen Sinn Ausdruck einer übergeordneten göttlichen Kraft sein oder in einer eher profanen Variante Ausdruck der persönlichen Ideen und der Befindlichkeit des Künstlers.[56] Ausgehend von diesem Paradigmenwechsel, der das Verhältnis des künstlerischen Subjekts zu den von ihm geschaffenen Objekten radikal veränderte und am Beginn einer Autonomisierung des Kunstwerks stand, konnten sich die Ansichten zum künstlerischen Ausdruck des Selbst im Laufe des 16. Jahrhunderts so weit ins Positive wenden, daß das Sprichwort schließlich lautete: »Ogni buon pittore dipinge sé« (Jeder gute Maler malt sich selbst).[57]

In der Entwicklungsgeschichte des Ausdruckskünstlers stand Michelangelo an zentraler Stelle, denn kein Maler oder Bildhauer vor ihm war durch eine vergleichbar enge Verknüpfung zwischen seiner Person und seinem künstlerischen Werk aufgefallen.[58] Diese Verknüpfung von Person und Werk tritt deutlich in den sogenannten Geschenk- oder Präsentations-Zeichnungen zutage, in denen Michelangelo sich mit seinem Darstellungsgegenstand weitgehend identifizierte und dabei selbst intimste Anliegen, wie beispielsweise sein homoerotisches

55 »Aveva non so che pittore un'opera, dove era un bue che stava meglio dell'altre cose; fu dimandato, perchè il pittore aveva fatto più vivo quello che l'altre cose; disse: ›Ogni pittore ritrae se medesimo bene.‹« Vasari [1906], 1906, VII, S. 280.

56 Panofsky, 1982; Lee, 1967; Kemp, 1974; Pfisterer, 1996.

57 Pescetti, 1603, S. 283 (Pescetti lebte ca. 1556 bis 1624).

58 Heimeran, 1925; Testa, 1979; Paoletti, 1992; Winner, 1992b; Rohlmann, 1999, S. 186–187, 195.

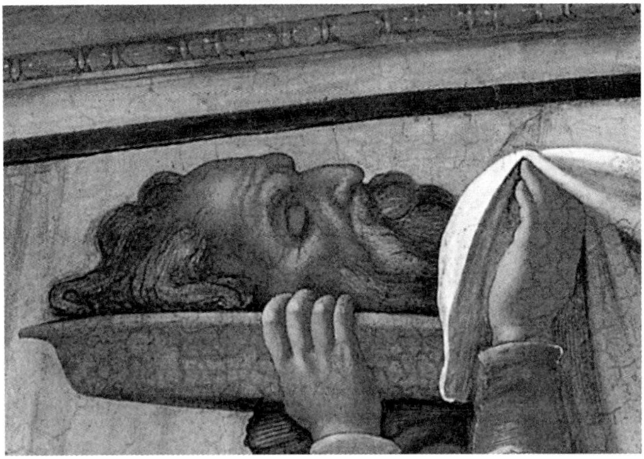

Abb. 18 Ausschnitt aus Abb. 14 mit dem Kopf des Holofernes

Begehren, zum Ausdruck brachte. Aber auch in monumentalen, für eine große Öffentlichkeit bestimmten Werken stellte Michelangelo Facetten seiner Persönlichkeit dar. Genannt sei hier der Marmordavid, in dem Michelangelo nicht nur die Auseinandersetzung des jugendlichen Helden mit dem Riesen Goliath thematisierte, sondern auch den Kampf seiner eigenen Geschicklichkeit als Künstler mit der widrigen Materie des harten Marmors.[59] Neben diese Art der Selbstdarstellung trat das physiognomisch wieder erkennbare Rollenporträt, wie beispielsweise Michelangelos Selbstbildnis in der abgezogenen Haut des hl. Bartholomäus im »Jüngsten Gericht«, in der der Künstler sein persönliches Leiden als Mensch und Künstler zum Ausdruck brachte.[60] Vermutlich gehört in die Reihe dieser Selbstdarstellungen auch der Kopf des Holofernes im südöstlichen Gewölbezwickel der Sixtinischen Decke (Abb. 18), der erkennbar die Züge des Künstlers trägt.

59 Lavin, 1992.

60 Wyss, 1996, S. 12–13; Rohlmann, 1999, S. 186–187, 195, mit älterer Literatur.

Noch sehr viel deutlicher als in den Geschenkzeichnungen und in den Rollenporträts thematisierte Michelangelo sein künstlerisches Ich in seinen Gedichten. Als Beispiel mag ein Madrigal aus den frühen 40er Jahren des 16. Jahrhunderts gelten, in dem Michelangelo erklärt, daß er in seiner Skulptur jenes Ich, jenen gequälten Aspekt seiner Selbst, darstelle, dessen Leiden die ihn abweisende Geliebte verursacht habe:

»S'egli è che 'n dura pietra alcun somigli
talor l'immagin d'ogni altri a se stesso,
squallido e smorto spesso
il fo, com'i' son fatto da costei;
e par ch'esempio pigli
Ogni or da me, ch'i' penso di far lei.
ben la pietra potrei
per l'aspra sua durezza,
in ch'io l'esempio, dir c'a lei s'assembra;
del resto non saprei,
mentre mi strugge e sprezza,
altro scolpir che le mie afflite membra.
Ma se l'arte rimembra
agli anni la beltà, per durare ella,
farà me lieto, ond'io la farò bella.«

(Geschieht es wohl, daß in dem Block ein Bildner
sich selber ähnlich macht des andern Bildnis,
so bild' ich meine Herrin totenbleich
und düster, so, wie sie mich selber machte:
Und glaub' ich sie zu formen,
nehm' ich mein eignes Angesicht zum Vorbild.
Vom Stein wohl könnt' ich sagen,
in dem ich sie gestalte,
daß er an rauher Härte gleicht ihrer selber;
und d'rum, so lang sie mich
verachtend tötet, kann ich
nichts andres meißeln, als mein eignes Leid.
Doch rettet Kunst die Schönheit

für spät're Zeiten – Ihr Dauer zu verschaffen,
das macht mich froh, und schön wird d'rum ihr Bildnis.[61])

Verbunden mit dem Drang oder sogar mit dem Zwang zur Darstellung des Selbst ist hier wie auch in anderen Fällen der Leidensgestus Michelangelos, der sich wie ein Leitmotiv durch sein Denken und Schaffen zieht. Einen vergleichbaren Gestus kennen wir auch aus jenem berühmten Sonett, in dem Michelangelo im Stil einer Burleske seine körperlichen Qualen bei der Ausmalung der Sixtinischen Decke beschreibt und zudem beklagt, daß er eigentlich gar kein Maler sei und in der Sixtinischen Kapelle nichts zu suchen habe. Das Sonett, einem bislang nicht identifizierten Giovanni da Pistoia gewidmet, lautet folgendermaßen:

»I'ho già fatto un gozzo in questo stento,
come fa l'aqua a' gatti in Lombardia
ovver d'altro paese che si sia,
ch'a forza 'l ventre appicca sotto 'l mento.

La barba al cielo e la memoria sento
in sullo scrigno e 'l pecto fo d'arpia,
e 'l pennel sopra 'l viso tuttavia
mel fa, gocciando, un richo pavimento.

E' lombi entrati mi son nella peccia,
e fo del cul per contrapeso groppa,
e' passi senza gli occhi muovo invano.

Dinanzi mi s'allunga la corteccia
e per piegarsi adietro si raggroppa,
e tendomi com'arco soriano.

61 Frey, 1964, CIX.53 (Orthographie modernisiert); vgl. auch ebd., LXXIII.15; CIX.68; CIX.89 (S. 67, 173, 191), und S. 434; Thode, 1903, II, S. 234; Heimeran, 1925, S. 73–76; Hartlaub, 1956, S. 106.

Però fallace e strano
sorge il giudizio, che la mente porta,
chè mal si tra' per cerbottana torta.

La mia pittura morta
difendi orma', Giouanni, e 'l mio onore,
Non sendo in loco bon nè io pittore.«

(Bei dieser Mühsal wuchs ein Kropf mir, dick,
wie er vom Wasser in der Lombardei
den Katzen wächst, dort, oder wo es sei;
den Bauch sieht kleben unterm Kinn mein Blick.

Der Bart starrt Himmelwärts, und das Genick
fühl ich am Buckel und die Brust wie bei
Harpy'n. Mein Pinsel tropft, die Kleckserei
macht mir aus dem Gesicht ein Mosaik.

Die Nieren traten in den Bauch, das Becken
drück ich heraus, das Gleichgewicht zu finden,
und blindlings hat mein Fuß den Schritt erwogen.

Vorn dehnt die Haut sich immer mehr vom Strecken,
und vom Mich-biegen wird sie runzlig hinten;
ich krümme mich so wie ein Syrerbogen.

Und fälschlich und verlogen
wird auch mein Urteil, das jetzt fällt mein Geist;
mit krummem Blasrohr zielt man schlecht zumeist.

Doch du, Giovanni, weißt
mir zu verteid'gen Werk und Ehre recht;
ich bin kein Maler, und mein Platz ist schlecht.[62])

62 Frey, 1964, Nr. IX. Modernisierte Orthographie und Übersetzung von Hinderberger, 1947, S. 380–381.

Mit seiner metaphernreichen Umschreibung der körperlichen Qualen spielt Michelangelo in der zweiten Quartine auf die Harpyen aus Vergils »Aeneis« und damit auf die Leiden ihres Protagonisten an. Die Harpyen, bösartige Vögel mit Mädchenköpfen, waren über die Speisen des Aeneas und seiner Gefährten hergefallen und hatten sie zum Hohn auch noch mit ihren Exkrementen bombardiert (Vergil, Aeneis, 3, 193–269). Michelangelo setzt nun den Vogelkot aus der »Aeneis« mit den Farbklecksen in Beziehung, die ihm während der Arbeit am Deckenfresko auf das Gesicht tropften; er schlüpfte damit in die Rolle des antiken Helden Aeneas, der unter dem Kot der Harpyen ebenso zu leiden gehabt hatte wie der Maler unter seinem Auftrag in der Sixtinischen Kapelle. Doch das Gedicht thematisiert nicht nur das Leiden, sondern ebenso den heroischen Kampf des Künstlers gegen deren Verursacher: Die Harpyen wurden gelegentlich mit den stymphalischen Vögeln gleichgesetzt, einer besonders aggressiven Spezies, die der listenreiche Herkules besiegte, indem er sie zuerst durch Rasseln aufscheuchte, um sie dann mit Pfeil und Bogen (»arco soriano«) abzuschießen.[63] Auf diesen Kampf des Tugendhelden Herkules und auf dessen Waffe spielt Michelangelo in seinem Sonett ebenfalls an, wenn er vom »arco soriano« (dem syrischen Bogen) spricht. Hierbei ist der unter unsäglicher Anstrengung wie ein Bogen gespannte eigene Körper des Künstlers nun die »Waffe« gegen das Böse: Selbst das reale körperliche Martyrium des Malers wird zum Medium des künstlerischen Seins.

Ob in Gemälden, Zeichnungen oder Gedichten, Michelangelo wußte seine Leiden in unterschiedlichste Ausdrucksformen zu kleiden, sie waren zentraler Bestandteil seines Selbstverständnisses als Künstler. Dieses Selbstverständnis korrespondiert direkt mit den Umständen, die der Legende nach zur Freskierung der Sixtinischen Decke führten, denn die Biographen beschreiben die Genese des Werks nicht als Triumph Michelangelos, wie man es angesichts der Prominenz

63 Lavin, 1992.

des Auftrages erwarten würde, sondern als Leidensgeschichte in der Art eines Martyriums, das mit den Intrigen Bramantes und Raffaels begonnen habe.[64] Die bei Condivi und Vasari überlieferte Geschichte dieses Martyriums spiegelt also unabhängig von ihrer faktischen Zuverlässigkeit bzw. Unzuverlässigkeit eine Wahrheit ganz anderer Art wider: Angesichts seiner Qualen konnte Michelangelo in die Nähe des Heiligen und Göttlichen gerückt werden, denn er litt unter den Widrigkeiten des Künstleralltags ebenso wie einst die Märtyrer unter den Verfolgungen durch die Heiden. Diese Heiligkeit »bewahrheitete« sich bereits unmittelbar nach Michelangelos Tod, als sein Leichnam selbst nach 25 Tagen weder zu verwesen noch zu stinken begann – so die Überlieferung, die hier an Heiligenlegenden des Mittelalters anknüpfte und dem Künstler eine sakrale Aura verlieh.[65] Doch auch schon vor seinem Tod hatte die Sakralisierung Michelangelos begonnen, denn er galt als der göttliche Künstler schlechthin, beispielsweise im »Rasenden Roland« (Orlando furioso, 33.2) Ariosts von 1516 und natürlich bei Vasari, der die Fresken der Sixtinischen Kapelle euphorisch als das erlösende Licht bezeichnete, das auf die bis dahin im Dunkeln wandelnden Künstler der eigenen Epoche scheine (§ 9 und 18). Mit dieser Metaphorik spielte der Biograph auf Christus als Licht der Welt und als Erlöser an, auf einen biblischen Allgemeinplatz, mit dem er bekanntlich die Vita Michelangelos eingeleitet hatte.[66] In direkter Analogie zu Christus galt Michelangelo somit als gottgleicher Erlöser der Kunst, und diese Erlösung ging in erster Linie vom Deckenfresko in der Sixtinischen Kapelle aus.

Mit seiner Idee vom göttlichen Künstler knüpfte Vasari an den bekannten Topos vom »deus artifex«, vom Gott als Künstler an, an jenen Gemeinplatz also, der im Mittelalter dazu diente, das Wesen göttlichen

64 Thode, III, S. 727; Echinger-Maurach, 1991, S. 49 und 59.

65 Vasari [1568], 1906, S. 285; Barolsky, 1990, S. 55; Pon, 1996.

66 Vasari [1550], 1986, S. 880–881; Vasari [1568], 1906, VII, S. 135–136; Mt. 4,16; Lk. 1,78; 2, 32; Apg. 13, 47; 26, 18 und 23; Lexikon der christlichen Ikonographie, III, Sp. 95–99; Barolsky, 1990, S. 67–72 und passim.

Schaffens zu veranschaulichen und in der Kunsttheorie der Renaissance dazu umfunktioniert wurde, den Künstler zu heroisieren und damit über seine reale, oft profane Existenz zu erheben.[67] Heute mutet dieser Topos des »artista divino« natürlich wie eine rhetorische Übertreibung an, doch sollte man nicht vergessen, daß die Vergöttlichung Michelangelos und die Heroisierung seiner Leiden der Schaffung eines neuen, bis heute gültigen Ideals dienten: der Konstituierung des emanzipierten Künstlers, der seinem Auftraggeber selbstbewußt entgegentritt und der sowohl ein komplexes Sujet als auch seine eigene Persönlichkeit, letztlich also den Ausdruck seiner selbst, zum Gegenstand seiner Kunst zu machen vermag. Erst mit der Heroisierung Michelangelos durch Giorgio Vasari und andere Literaten, erst mit der uneingeschränkten Anerkennung seiner Leidensgesten, darf das Sprichwort vom sich selbst malenden Maler lauten: »Ogni buon pittore dipinge sé« – »Jeder gute Maler malt sich selbst«.

Für die nötige Ermunterung und Hilfe bei meinem Ausflug in die Welt Michelangelos danke ich Angela Herr, Anja Himmel, Charles Hope, Georg Kamp, Alexandra Koch, Charles Robertson und Frederike Timm.

67 Panofsky, 1982, S. 71; Riccò, 1979, S. 150–172; Kris/Kurz, 1980, S. 64–86; Neumann, 1986, S. 82–86.

IX. Bibliographie

Die umfangreiche Literatur zu Michelangelo, Vasari und Condivi wird in der Bibliographie nur hinsichtlich der Arbeiten aufgeführt, die für meine Argumentation von Belang sind. Grundlegend für Michelangelo ist die Monographie de Tolnays, Einführungen finden sich beispielsweise bei Hibbard (1974) und im Dictionary of Art, ein Teil der wichtigen englischsprachigen Michelangelo-Literatur ist bei Wallace (1995) erneut abgedruckt. Für die zahlreichen Deutungen zur Ikonographie der Sixtinischen Decke verweise ich auf Thode (1908), Steinmann/Wittkower (1927), Dussler (1974), Kuhn (1975), Rohlmann (1995), Wallace (1995, II) und Partridge (1996); für Condivi auf Wilde (1978), Elam (1998), Hirst (1996 und 1998); für Vasari auf Kallab (1908), Frey (1887), Barocchi (1962, II–V), Rubin (1995) und auf Hirst (1996); für die kunsttheoretische Terminologie Vasaris und älterer Autoren auf Barrocchi (1962, II–V), Baxandall (1984), Kliemann (in Vasari, 1832/1983), Summers (1981) und Kemp (1997).

1. Quellen

Leon Battista Alberti, Das Standbild. Die Malkunst. Grundlagen der Malerei, hg. u. übers. v. O. Bätschmann u. C. Schäublin, Darmstadt 2000.

Pietro Aretino, Le lettere, 6 Bde., Venedig 1538–1556.

Paola Barocchi (Hg.), Giorgio Vasari. La vita di Michelangelo nelle redazioni del 1550 e del 1568, 5 Bde., Mailand/Neapel 1962.

Il Carteggio di Michelangelo. Edizione postuma di Giovanni Poggi. A cura di Paola Barocchi e Renzo Ristori, 5 Bde., Florenz 1965–1983.

Benvenuto Cellini, Due trattati uno intorno alle otto principali arti dell'oreficeria. L'altro in materia dell'arte della scultura, Florenz 1568 (Nachdruck Modena 1983).

Benvenuto Cellini, Opere, hg. v. B. Meier, Mailand 1968.
Ascanio Condivi, Das Leben des Michelangelo Buonarroti [1553], übers. durch Rudolph Valdek, Wien 1874 (Nachdruck Osnabrück 1970).
Ascanio Condivi, The Life of Michelangelo, übers. v. A. S. Wohl u. hg. v. H. Wohl, 2. Aufl., University Park 1999.
Ascanio Condivi, Vita di Michelagnolo Buonarroti, hg. v. G. Nencioni, Florenz 1998.
Ascanio Condivi, Vita di Michelangelo, hg. v. Spina Barelli, Mailand 1964.
Fritz Erpel (Hg.), Michelangelo. Von Kunst und Leben. Aus Briefen und Gesprächen, Berlin (Ost) 1964.
Franco, siehe Pulci.
Karl Frey (Hg.), Il Codice Magliabechiano, Berlin 1892 (Nachdruck Farnborough 1969).
Karl Frey (Hg.), Die Dichtungen des Michelagniolo Buonarroti, 2. Aufl., Berlin 1964.
Karl Frey (Hg.), Le vite di Michelangelo Buonarroti scritte da Giorgio Vasari e da Ascanio Condivi, Berlin 1887.
Paolo Giovio, Michaelis Angeli Vita [um 1527], in: Frey, 1887, S. 403–404, und Steinmann, 1930, S. 77–78.
Franciso de Holanda, Diálogos de Roma, hg. v. M. Mendes, Lissabon 1955.
Leonardo da Vinci, Das Buch von der Malerei, hg. u. übers. v. H. Ludwig, 3 Bde., Wien 1882.
Gian Paolo Lomazzo, Scritti sulle arti, hg. v. R. P. Ciardi, 2 Bde., Florenz 1974.
Michelangelo, Lebensberichte, Briefe, Gespräche, Gedichte, hg. v. H. Hinderberger, Zürich 1947.
Gaetano Milanesi (Hg.), Le lettere di Michelangelo Buonarroti pubblicate coi ricordi ed i contratti artistici, Florenz 1875 (Nachdruck Osnabrück 1976).
Orlando Pescetti, Proverbi italiani, Venedig 1603.
Angelo Poliziano, siehe Wesselski.

Luigi Pulci / Matteo Franco, Il »Libro dei Sonetti«, hg. v. G. Dolci, Mailand 1933.

Sebastiano Serlio, Regole generali di architetura sopra le cinque maniere degli edifici, Venedig 1537.

Giorgio Vasari, Das Leben von Lionardo da Vinci, Raffael von Urbino und Michelangelo Buonarroti, hg. v. R. Kanz, Stuttgart 1996.

Giorgio Vasari, Leben der ausgezeichnetesten Maler, Bildhauer und Baumeister von Cimabue bis zum Jahre 1567 (1568) [übers. v. Adeline Seebeck], hg. v. L. Schorn und E. Förster, 6 Bde., Stuttgart / Tübingen 1832–1849 (Nachdruck Worms 1983, hg. v. J. Kliemann).

Giorgio Vasari, Le vite de' più eccellenti architetti, pittori, et scultori italiani da Cimabue insino a' tempi nostri [1550], hg. v. L. Bellosi u. A. Rossi, Turin 1986.

Giorgio Vasari, Le vite de' più eccellenti pittori, scultori ed architettori [1568], hg. v. G. Milanesi, 9 Bde., Florenz 1906 (Nachdruck 1981).

Giorgio Vasari, La vita di Michelangelo nelle redazioni del 1550 e del 1568, hg. v. P. Barocchi, 5 Bde., Mailand / Neapel 1962.

Vasari, siehe auch Barocchi; Frey.

A. Wesselski (Hg.), Angelo Polizianos Tagebuch (1477–1479) mit vierhundert Schwänken und Schnurren aus den Tagen Lorenzos des Großmächtigen und seiner Vorfahren, Jena 1929.

2. Sekundärliteratur

James S. Ackermann, Notes on Bramante's Bad Reputation, in: Studi Bramanteschi. Atti del congresso internazionale 1970, Rom 1974, S. 339–349.

Daniel Arasse, Le Sujet dans le tableau, Paris 1997.

Paul Barolsky, Michelangelo's Nose. A Myth and it's Maker, University Park 1990.

Salvatore Battaglia, Grande dizionario della lingua italiana, Turin 1961ff.

Eugenio Battisti, Note su alcuni biografi di Michelangelo. Francesco de Hollanda, Vasari, Condivi e Varchi, in: Scritti di storia dell'arte in onore di Lionello Venturi, 2 Bde., Rom 1956, S. 321–339.

Michael Baxandall, Die Wirklichkeit der Bilder, Frankfurt 1984 (zuerst englisch 1972).

Franco Borsi, Bramante, Mailand 1989.

Lynette M. F. Bosch, Genesis, Holy Saturday, and the Sistine Ceiling, in: Sixteenth Century Journal, 30, 1999, S. 643–652.

Horst Bredekamp, Sankt Peter in Rom und das Prinzip der produktiven Zerstörung, Berlin 2000.

Tilmann Buddensieg, Gregory the Great. The Destroyer of Pagan Idols, in: Journal of the Warburg and Courtauld Institutes, 28, 1965, S. 44–65.

David Cast, Finishing the Sistine, in: Art Bulletin, 73, 1991, S. 669–684 (Reprint mit Ergänzungen in Wallace, Michelangelo. Selected Scholarship in English, II, S. 447–462).

James Clifton, Vasari on Competition, in: Sixteenth Century Journal, 27, 1996, S. 23–41.

The Dictionary of Art, hg. v. J. Turner, 34 Bde., London 1996.

Luitpold Dussler, Michelangelo-Bibliographie 1927–1970, Wiesbaden 1974.

Luitpold Dussler, Sebastiano dal Piombo, Basel 1942.

Claudia Echinger-Maurach, Studien zu Michelangelos Juliusgrab, 2 Bde., Hildesheim 1991.

Caroline Elam, »Ché ultima mano!«: Tiberio Calcagni's Marginal Annotations to Condivi's Life of Michelangtelo, in: Renaissance Quarterly, 51, 1998, S. 475–497 (auch abgedruckt in Condivi/Nencioni, 1998).

Wiebke Fastenrath, Terribilità – Bizzaria – Capriccio. Zum Dekorationssystem der Sixtinischen Decke, in: Michelangelo. Neue Beiträge, S. 151–179.

Christoph Luitpold Frommel, Die Peterskirche unter Papst Julius II. im Lichte neuer Dokumente, in: Römisches Jahrbuch für Kunstgeschichte, 16, 1976, S. 57–131.

Creighton Gilbert, Michelangelo: On and Off the Sistine Ceiling, New York 1994.
Richard A. Goldthwaite, The Building of Renaissance Florence. An Economic and Social History, Baltimore/London 1980.
G. F. Hartlaub, Das Selbstbildnerische in der Kunstgeschichte, in: Zeitschrift für Kunstwissenschaft, 9, 1955, S. 97–124.
Frederik Hartt, »Lignum Vitae in Medio Paradisi«: The Stanza d'Eliodoro and the Sistine Ceiling, in: The Art Bulletin 32, 1950, S. 115–145, 181–218.
Rab Hatfield, Trust in God: The Sources of Michelangelo's Frescoes on the Sistine Ceiling, in: Occasional Papers Published by Syracuse University, Florenz, 1, 1991, S. 1–24 (Reprint in Wallace, 1995, II, S. 463–542).
Ernst Heimeran, Michelangelo und das Porträt, Phil.Diss., Erlangen 1925.
Howard Hibbard, Michelangelo, New York 1974.
Michael Hirst, Michelangelo and his First Biographers, in: Proceedings of the British Academy (Lectures and Memoirs), 94, 1996, S. 63–84.
Michael Hirst, Introduction, in: Condivi, 1998, S. I–XXII.
Charles Hope, The Medallions on the Sistine Ceiling, in: Journal of the Warburg and Courtauld Institutes, 50, 1987, S. 200–204.
Wolfgang Kallab, Vasaristudien, hg. v. J. v. Schlosser, Wien 1908.
Martin Kemp, Der Blick hinter die Bilder, Köln 1997.
Martin Kemp, ›Ogni dipintore dipinge sé‹: A Neoplatonic Echo in Leonardo's Art Theory?, in: Cultural Aspects of the Italian Renaissance. Essays in Honour of Paul Oskar Kristeller, hg. v. C. H. Clough, New York 1976, S. 311–323.
Wolfgang Kemp, Disegno. Beiträge zur Geschichte eines Begriffs zwischen 1547 und 1607, in: Marburger Jahrbuch für Kunstwissenschaft, 19, 1974, S. 219–240.
Ernst Kris/Otto Kurz, Die Legende vom Künstler, Frankfurt 1980 (zuerst 1934).
Rudolf Kuhn, Michelangelo. Die Sixtinische Decke, Berlin/New York 1975.

Irvin Lavin, Michelangelo's David and David's Bow, in: Winner, Der Künstler, 1992, S. 161–190.

Rensselaer W. Lee, Ut pictura poesis. The Humanistic Theory of Painting, New York 1967 (zuerst 1940).

Lexikon der christlichen Ikonographie, hg. v. E. Kirschbaum, 8 Bde., Rom etc. 1972.

Franz Graf Wolff Metternich, Bramante und St. Peter, München 1975.

Michelangelo Drawings, hg. v. C. H. Smyth, Washington 1992.

Michelangelo. Neue Beiträge, hg. v. M. Rohlmann u. A. Thielemann, München / Berlin 2000.

Michelangelo. Selected Scholarship in English, hg. v. W. Wallace, 5 Bde., New York / London 1995.

Eugène Müntz, Une rivalité d'artistes au XVIe siècle: Michel-Ange et Raphael à la cour de Rome, in: Gazette des Beaux-Arts, 25, 1882, S. 281–287 und 385–400.

Eckhard Neumann, Künstlermythen. Eine psychohistorische Studie über Kreativität, Frankfurt a. M. 1986.

Erwin Panofsky, Idea. Ein Beitrag zur Begriffsgeschichte der älteren Kunsttheorie, 4. Aufl., Berlin 1982 (zuerst 1924).

John T. Paoletti, Michelangelo's Masks, in: Art Bulletin, 74, 1992, S. 423–440.

Loren Partridge, Michelangelo. The Sistine Chapel Ceiling, Rome, New York 1996.

Ludwig Pastor, Geschichte der Päpste im Zeitalter der Renaissance von der Wahl Innocenz' VIII. bis zum Tode Julius' II. 1484–1513, III.2, 5.–7. Aufl., Freiburg i. Br. 1924.

Ulrich Pfisterer, Künstlerische »potestas audendi« und »licentia« im Quattrocento, in: Römisches Jahrbuch der Bibliotheca Hertziana, 31, 1996, S. 107–148.

Sabine Poeschel, Capricci straordinari e nuovi. Michelangelos »Ahnen Christi« in der Sixtinischen Kapelle, in: Michelangelo. Neue Beiträge, S. 181–203.

Lisa Pon, Michelangelo's »Lives«: Sixteenth-Century Books by Vasari, Condivi and Others, in: Sixteenth Century Journal, 27, 1996, S. 1015–1037.
Ugo Procacci, Postille contemporanee in un esemplare della vita di Michelangelo di Condivi, in: Atti del Convegno di Studi Michelangioleschi Firenze-Roma 1964, Rom 1966, S. 279–294.
Laura Riccò, Vasari scrittore. La prima edizione del libro delle »Vite«, Rom 1979.
Charles Robertson, Bramante, Michelangelo, and the Sistine Ceiling, in: Journal of the Warburg and Courtauld Institutes, 49, 1986, S. 91–105
Steffi Roettgen, Die Wandmalerei der Frührenaissance in Italien, 2 Bde., München 1996–1997.
Michael Rohlmann, Kontinuität und Künstlerwettstreit in den Bildern der Sixtinischen Kapelle, in: Wallraf-Richartz-Jahrbuch 60, 1999, S. 163–196.
Michael Rohlmann, Michelangelos »Jonas«. Zum Programm der Sixtinischen Kapelle, Weimar 1995.
Patricia L. Rubin, Giorgio Vasari. Art and History, New Haven/London 1995.
Sven Sandström, Levels of Unreality. Studies in Structure and Construction in Italien Mural Painting During the Renaissance, Uppsala 1963.
Georg Satzinger, Michelangelos Grabmal Julius' II. in S. Pietro in Vincoli, in: Zeitschrift für Kunstgeschichte, 64, 2001, S. 153–222.
Julius von Schlosser, Die Kunstliteratur, Wien 1924.
Charles Seymour, Jr., The Sistine Chapel Ceiling, New York/London 1972 (Nachdruck 1995).
Staale Sinding-Larsen, A Re-reading of the Sistine Ceiling, in: Acta ad archaeologiam et artium historiam pertinentia (Institutum Romanum Norwegiae) 4, 1969, S. 143–157.
Anton Springer, Raffael und Michelangelo, Leipzig 1878.
Ernst Steinmann, Michelangelo im Spiegel seiner Zeit, Leipzig 1930.
Ernst Steinmann, Die Sixtinische Kapelle, 2 Bde., München 1901/1905.

Charles L. Stinger, The Renaissance in Rome, Bloomington 1985.
David Summers, Michelangelo and the Language of Art, Princeton 1981.
Judith Anne Testa, The Iconography of the »Archers«: A Study of Self-Concealment and Self-Revelation in Michelangelo's Presentation Drawings, in: Studies in Iconography, 5, 1979, S. 45–72.
Henry Thode, Michelangelo und das Ende der Renaissance, 3 Bde., Berlin 1902–1912.
Henry Thode, Michelangelo. Kritische Untersuchungen über seine Werke, 3 Bde., Berlin 1908–1913.
Charles de Tolnay, Michelangelo, 5 Bde., Princeton 1943–1960 (bes. Bd. II, The Sistine Ceiling, 2. Aufl. 1949).
William Wallace, Michelangelo's Assistants in the Sistine Chapel, in: Gazette des Beaux-Arts, 115, 1987, S. 203–211
Martin Warnke, Hofkünstler. Zur Vorgeschichte des modernen Künstlers, Köln 1985.
Kathleen Weil Garris Brandt, Michelangelo's Early Projects for the Sistine Ceiling, in: Michelangelo Drawings, 1992, S. 57–87.
Johannes Wilde, The Decoration of the Sixtine Chapel, in: Proceedings of the British Academy, 44, 1958, S. 61–81.
Johannes Wilde, Michelangelo. Six Lectures, hg. v. J. Shearman u. M. Hirst, Oxford 1978.
Watthias Winner (Hg.), Der Künstler über sich in seinem Werk, Internationales Symposium der Bibliotheca Hertziana (Rom 1989), Weinheim 1992.
Watthias Winner, Michelangelo's »Il Sogno« as an Example of an Artist's Visual Reflection in His Drawings, in: Michelangelo Drawings, 1992, S. 227–242.
Margot und Rudolf Wittkower, Künstler – Außenseiter der Gesellschaft, Stuttgart 1989 (zuerst englisch 1963).
Beat Wyss, Der Wille zur Kunst, Köln 1996.
Frank Zöllner, ›Ogni pittore dipinge sè‹. Leonardo on ›automimesis‹, in: Winner, 1992, S. 137–160.

Abbildungen teilweise aus: Electa, Milano. Elemond Editori Associati.